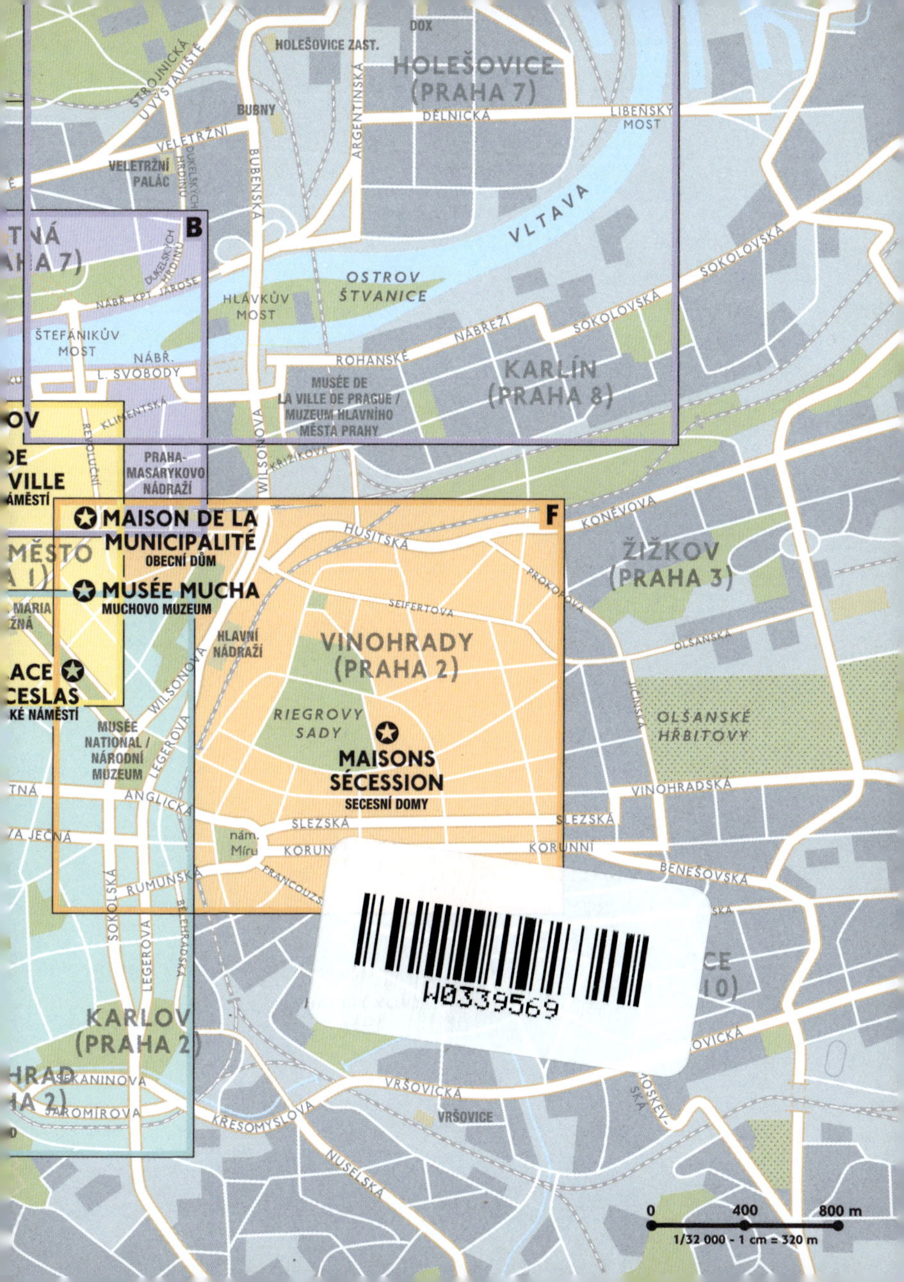
DOX
HOLEŠOVICE ZAST.
HOLEŠOVICE (PRAHA 7)
BUBNY
DĚLNICKÁ
LIBEŇSKÝ MOST
ARGENTINSKÁ
STROJNICKÁ
U VÝSTAVIŠTĚ
VELETRŽNÍ
VELETRŽNÍ PALÁC
DUKELSKÝCH HRDINŮ
BUBENSKÁ
VLTAVA
B
OSTROV ŠTVANICE
HLÁVKŮV MOST
NÁBŘ. KPT. JAROŠE
ŠTEFÁNIKŮV MOST
NÁBŘ. L. SVOBODY
ROHANSKÉ NÁBŘEŽÍ
SOKOLOVSKÁ
KARLÍN (PRAHA 8)
MUSÉE DE LA VILLE DE PRAGUE / MUZEUM HLAVNÍHO MĚSTA PRAHY
KLIMENTSKÁ
REVOLUČNÍ
WILSONOVA
PRAHA-MASARYKOVO NÁDRAŽÍ
KŘIŽÍKOVA
F
MAISON DE LA MUNICIPALITÉ
OBECNÍ DŮM
MUSÉE MUCHA
MUCHOVO MUZEUM
HUSITSKÁ
KONĚVOVA
PROKOPOVA
SEIFERTOVA
ŽIŽKOV (PRAHA 3)
HLAVNÍ NÁDRAŽÍ
VINOHRADY (PRAHA 2)
OLŠANSKÁ
JIČÍNSKÁ
OLŠANSKÉ HŘBITOVY
RIEGROVY SADY
MAISONS SÉCESSION
SECESNÍ DOMY
MUSÉE NATIONAL / NÁRODNÍ MUZEUM
LEGEROVA
ANGLICKÁ
VINOHRADSKÁ
SLEZSKÁ
nám. Míru
KORUNNÍ
BENEŠOVSKÁ
FRANCOUZSKÁ
RUMUNSKÁ
SOKOLSKÁ
BĚLEHRADSKÁ
KARLOV (PRAHA 2)
VRŠOVICKÁ
VRŠOVICE
KRESOMYSLOVA
NUSELSKÁ
MOSKEVSKÁ
JAROMÍROVA
0
400
800 m
1/32 000 - 1 cm = 320 m

Les incontournables

Les 10 lieux de visite à ne manquer sous aucun prétexte !

✪ Place de la Vieille-Ville (A D2)
Le cœur de la ville, reflet de son incroyable richesse architecturale ! Autour de la statue de Jan Hus, symbole de l'identité nationale, le palais Kinský, les églises Notre-Dame-du-Týn et Saint-Nicolas, l'hôtel de ville et les façades mitoyennes mêlent arcs gothiques, volutes baroques, sgraffites Renaissance et courbes Sécession, comme une préface idéale à la découverte de Prague. Enterrées, les caves romanes, côté sud-ouest, rappellent que la place fut rehaussée pour faire face aux crues de la Vltava.

✪ Maison de la Municipalité (A F2)
Polívka, architecte de la ville, et Mucha, assistés des artistes les plus demandés du moment, ont dirigé les travaux de cette institution devant accueillir services publics et manifestations culturelles. Derrière l'entrée, surmontée d'un colossal auvent, se déploie tout le répertoire du Jugendstil et de la Sécession : mosaïques en pâte de verre et céramique, sinuosités végétales, ferronnerie géométrique... Un chef-d'œuvre !

✪ Josefov (B)
Fondé au Xe s., Josefov doit son nom à l'empereur Joseph II (1780-1790), qui intégra la communauté juive à la vie économique et culturelle de la cité. Au XIXe s., les plus riches s'en éloignent et Josefov, abandonné aux laissés-pour-compte, vétuste, est finalement rasé. Autour de son cimetière et de ses synagogues, qui abritent de poignants souvenirs des pogroms et de la Shoah, rôderait, la nuit, le fantôme du Golem, gardien légendaire du quartier...

✪ Ponts de Prague
Onze ponts – dans le centre-ville – enjambent la Vltava, qui scinde la cité en deux et imprègne l'imaginaire pragois d'histoires fabuleuses. Sur le plus ancien et le plus célèbre d'entre eux, le pont Charles (**A** A2), les statues se livrent, dit-on, à de longues et savantes discussions, une fois la nuit tombée. Des collines de Letná (**B** A2) et de Petřín (**D** C3), magnifiques vues sur les méandres de la rivière et l'enfilade de ponts.

✪ Château (C C3-D3)
Perché au-dessus de la cité, le vaisseau amiral de l'État tchèque, siège du pouvoir depuis les premiers rois de Bohême. Dans son enceinte, la cathédrale Saint-Guy (**C** C3) le domine de ses 100 m, comme pour le signaler à toute la cité. Tout autour, palais, musées, jardins et, dans les maisons lilliputiennes de la Ruelle d'or, boutiques en tout genre attirent les visiteurs par milliers.

✪ Couvent de Strahov (C A4)
Un havre de paix à deux pas du Château ! Restitué aux Prémontrés après la révolution de Velours, l'abbaye qui a donné son nom au quartier recèle, dans sa bibliothèque, quelque 130 000 volumes et enluminures, dont 2 000 incunables. Sur une place voisine s'élève l'église Notre-Dame-de-Lorette (**C** A4), à l'opulent décor baroque.

✪ Malá Strana (D)
La proximité du Château, qui installa de puissantes familles aristocratiques sur des terrains confisqués aux hussites, et le grand incendie de 1541, libérateur d'espaces, engendrèrent au XVIIe s. la reconstruction de Malá Strana : palais somptueux, jardins élégants et cours paisibles, alternant avec des églises aux décors éblouissants, composent le plus baroque des quartiers pragois ! Autour de la rue Nerudova (**D** C1), ainsi nommée en mémoire de l'auteur des *Contes de Malá Strana* (Jan Neruda), passages discrets, portes cochères, et enseignes aux noms évocateurs : "À la Clef d'or", "Aux Deux Soleils", "Au Lion rouge"...

✪ Place Venceslas (E C1)
Manifestations contre le nazisme (1938), fête de la Libération (1945), huées contre les chars russes (1968)... le XXe s. a fait de l'artère principale de la Ville nouvelle le symbole de l'indépendance nationale. En 1969, Jan Palach s'y immole par le feu, protestant contre la répression du printemps de Prague. Vingt ans plus tard, elle est le théâtre des rassemblements de la révolution de velours, qui précipiteront la fin du régime communiste. Rendue au peuple, cette vaste place (750 m de long !) aligne aujourd'hui hôtels, cafés et restaurants.

✪ Musée Mucha (F A2)
Célèbre à l'étranger pour ses illustrations, Alfons Mucha (1860-1939), génie de l'Art nouveau, participa au décor de nombreux édifices pragois, et se distingua dans la confection d'objets, de bijoux et de mobilier. Sa vie et son œuvre sont retracées dans ce musée incontournable de Prague.

✪ Maisons Sécession (F D3)
Le quartier de Vinohrady, autour du parc Riegrovy, est un petit musée à ciel ouvert de la Sécession pragoise. Pour une promenade agréable, la tête en l'air, à la recherche de ces décors du XXe s. qui émaillent l'habitat résidentiel : oriels, ferronneries, stucs, mosaïques... À l'est, la tour de la Télévision domine le quartier : contestée, insolite, elle fut érigée sous l'ère communiste, pour brouiller, dit-on, les signaux venus de l'Ouest.

Se repérer à Prague

A Staré Město
B Josefov / Holešovice
C Hradčany (Château)

D Malá Strana
E Nové Město / Vyšehrad
F Vinohrady / Žižkov

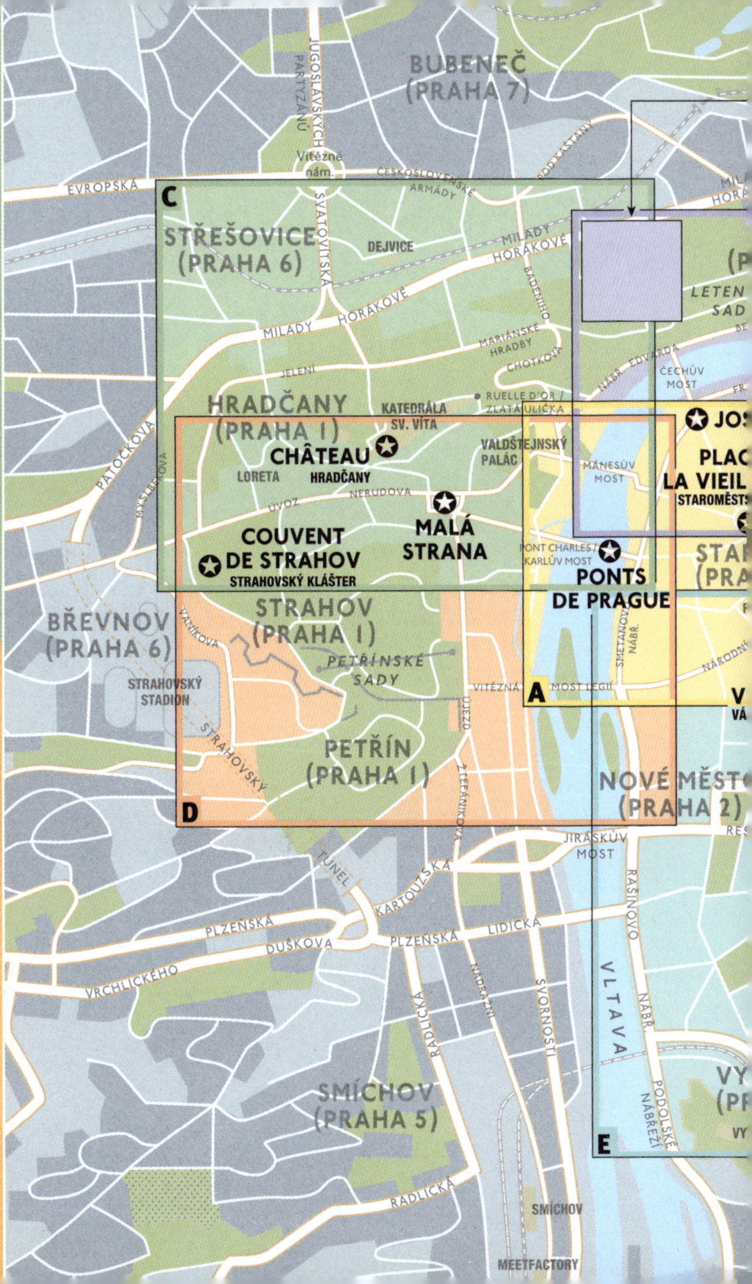

BIENVENUE À...

Prague !

Prague, ou l'art érigé en mode de vie. Palais baroques, bâtiments Sécession, maisons cubistes : miraculée de la Seconde Guerre mondiale, la "Cité aux mille tours et mille clochers" semble un décor de théâtre. C'est aussi le "Conservatoire de l'Europe", car chaque sonorité y prend la tournure d'une note : dans les salles de concert, la nef des églises et les cages d'escalier résonne la musique de Mozart, le fils adoptif, de Dvořák, de Smetana.

Au centre, Staré Město vibre de jour comme de nuit autour de la place de la Vieille-Ville, d'où s'échappent ruelles et passages discrets. De l'autre côté du pont Charles, sur les hauteurs de Hradčany, le Château, véritable ville dans la ville, observe la Vltava, tandis qu'en contrebas les pentes de Malá Strana dissimulent nombre de *pivnice* joyeuses et de cours secrètes. Au sud et à l'est, Nové Město, la "Ville nouvelle" du XIXe s., et Vinohrady, aux majestueuses avenues ponctuées d'immeubles Sécession, dévoileront leurs charmes à qui saura sortir des sentiers battus.

Car, aujourd'hui, Prague, qui régna sur le royaume de Bohême, le Saint Empire romain germanique et la Tchécoslovaquie, mène la vie dure aux images d'Épinal. Derrière les dorures et les stucs, le folklore du Golem et les tavernes de Kafka, surgit une branchitude sans complexe : les restaurants fusion pullulent, les bars à la mode de Josefov et de Žižkov ne désemplissent pas, les DJ les plus courus du moment officient au Roxy, à l'Akropolis ou au Cross Club... Et l'ouverture de lieux avant-gardistes, comme le DOX ou la MeetFactory, ont définitivement ancré Prague dans le XXIe s. Avec Cartoville, la ville s'ouvre à vous !

PONT CHARLES

KLEMENTINUM

▲ Plan C/D

De l'emblématique pont Charles à la sublime maison de la Municipalité, la Vieille Ville (Staré Město) explose en une symphonie de styles : caves romanes, tours gothiques, maisons Renaissance à sgraffites, édifices baroques, façades Art nouveau et même cubistes... Un vrai décor de théâtre, reflet de la prodigieuse richesse architecturale de la cité. Comme un aimant, la vaste place de la Vieille-Ville attire toutes les flâneries. Mais c'est dans le dédale de venelles tortueuses qui l'entoure, réseau complexe de galeries et de passages, qu'il faut se perdre pour, enfin, échapper au grouillement incessant des visiteurs.

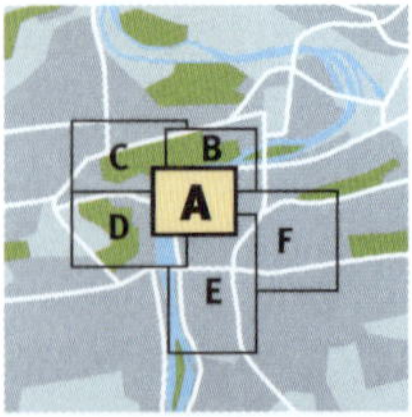

U DVOU KOČEK

U PRINCE

RESTAURANTS

U Dvou Koček D3 1
→ *Uhelný trh 10*
Tél. 224 229 982 Tlj. 11h-23h
Agrémentée de notes d'accordéon et de bonnes bières maison, une cuisine locale robuste et savoureuse : *polévka* (soupe) à l'ancienne, saucisse de porc ou *česká bašta* (assortiment de viandes). Plat 88-298Kč.

Grosseto Marina B2 2
→ *Alšovo nábřeží*
Tél. 605 454 020 Tlj. 11h30-0h
L'une des meilleures pizzerias de Prague a pris ses quartiers dans cette immense péniche amarrée près du Rudolfinum. À la proue face au pont Charles, sur le pont face au Château ou, l'été, sur la terrasse flottante, on y vient pour les pizzas cuites à la perfection. Aussi des pâtes fraîches, des risottos et des viandes. Pizza 179-295Kč.

U Prince D3 3
→ *Staroměstské náměstí 29*
Tél. 737 261 842 Tlj. 11h-23h30
Il faut se faufiler jusqu'à la réception et prendre l'ascenseur, pour accéder au secret bien caché de cet hôtel : une terrasse exceptionnelle, sur le toit, ouvrant sur les clochers de Prague ! L'été : brochettes et grillades ; l'hiver (terrasse couverte) : pâtes maison, viandes ou poissons et prix un peu plus doux. Plat 219-599Kč.

Klub Architektů C3 4
→ *Betlémské náměstí 5a*
Tél. 602 250 082 Tlj. 11h30-0h
Déco design et lumières très tamisées, mais les voûtes et les épais murs de pierre du XIIe s. rappellent que l'on dîne ici dans les anciens celliers de la chapelle où prêcha Jan Hus. Spécialités tchèques et internationales. Plat 262-468Kč.

Ambiente D2 5
→ *U Radnice 8*
Tél. 224 234 474 Tlj. 11h-0h
Deux salles pour mettre le Brésil dans son assiette ! La formule est simple : buffet de salades et d'entrées puis, avis aux appétits d'ogres, *churrasco rodizio* (viande grillée sur une grande brochette) à volonté ! Vins brésiliens et 5 caïpirinhas. Autre adresse : *Na Příkopě 22* (**A** F2). Menu 299-725Kč.

Mlýnec B3 6
→ *Novotného lávka 9*
Tél. 277 000 777

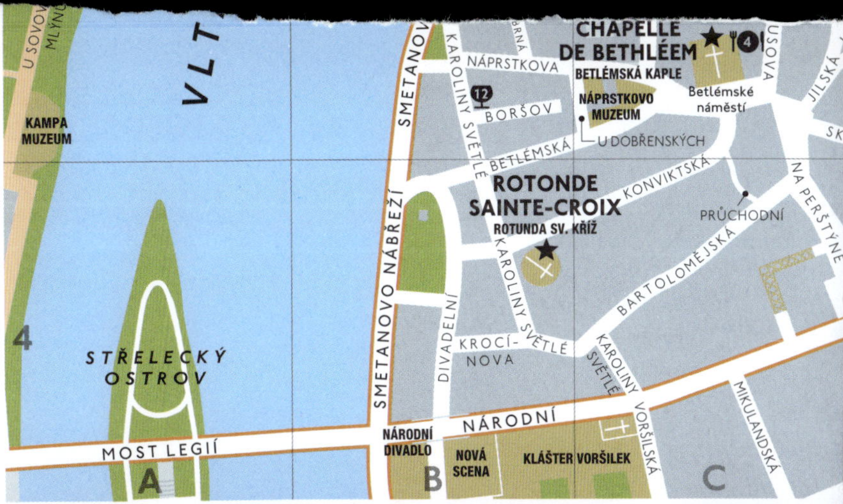

PLACE DE LA VIEILLE-VILLE

PALAIS KINSKÝ

NOTRE-DAME-DU-TÝN

★ Pont Charles A2
Le plus ancien pont de la ville (1357), unique liaison entre les deux rives jusqu'au XIXe s., et symbole de Prague. De part et d'autre se dressent 42 statues de saints (1683-1859), spectaculaire haie d'honneur baroque ouvrant la route du château. Au centre, celle de saint Jean Népomucène (1683), là où les hommes de Venceslas IV le livrèrent aux eaux de la Vltava pour n'avoir pas voulu trahir les confessions de la reine. Fantomatique le soir, quand la lumière projette sur le pavé les ombres tragiques des saints martyrs.

★ Klementinum C2
→ *Karlova 1 ; Mariánské nám. 5*
Tél. 733 129 252
***Visites guidées** Mars-oct. : tlj. 10h-19h ; nov.-déc. : tlj. 10h-18h ; jan.-fév. : tlj. 10h-16h30*
Le plus vaste ensemble architectural après le château ! Dans leur croisade pour rallier le peuple tchèque au catholicisme, les Jésuites démolissent trois églises, 32 maisons, deux jardins et un couvent pour édifier leur université. Ses splendeurs baroques ne profitent plus qu'aux lecteurs de la Bibliothèque nationale. Mais la superbe chapelle des Miroirs (1720) se découvre le soir lors des concerts de musique classique. À voir aussi : Saint-Sauveur et son porche baroque (1649) inspiré du Gesù de Rome.

★ Rotonde Sainte-Croix B4
→ *Konviktská / Karoliny Světlé*
Comme oublié au coin d'une rue, l'un des derniers édifices romans (XIIe s.) de la cité : une chapelle au toit conique, caractéristique du style des rois Přemyslides.

★ Chapelle de Bethléem C3
→ *Betlémské náměstí 4*
Tél. 224 248 595 Tlj. 10h-18h
Fidèle reconstitution (1950) de la chapelle de Jan Hus (XIVe s.) : sa simplicité illustre à elle seule les idées du réformateur.

★ Malé náměstí D2
Charmante "Petite Place" triangulaire rythmée de demeures gothiques et de façades Renaissance à sgraffites (maison Rott, au n° 3). Au centre, un puits orné d'une grille en fer forgé (1560), surmontée d'un lion de Bohême doré.

★ Saint-Nicolas D2
→ *Staroměstské náměstí*
Tél. 224 190 991 Tlj. 10h-16h
L'un des premiers exemples du baroque pragois (1737). Les formes se libèrent dans un élan vertical, en partie dû au manque d'espace dont disposait l'architecte

◀Plan D

MALÁ STRANA, LE PONT CHARLES ET STARÉ MĚSTO VUS DE LA COLLINE DE PETŘÍN

PASSAGES ET GALERIES

Le centre de Prague est un étonnant labyrinthe qui peut être traversé en évitant les rues !

Passages

Vieux passages dérobés, étroits, sombres et humides, qui, depuis toujours, font partie de la structure urbaine. Entre **Karlova (A** C3), **Michalská, Jilská** et **Melantrichova (A** D3)...

Galeries

Audace architecturale, dans les luxueuses galeries commerçantes nées au début du xxe s. **Koruna (E** C1), **Lucerna pasáž (E** C1).

Restaurants

Un repas traditionnel : 150-400Kč.

Sorties

Un billet au Théâtre national : 120-1 100Kč ; à l'Opéra : 180-1 290Kč. Une bière : 30-60Kč.

Visites

Plein tarif : 70-180Kč (250-350Kč pour les sites du Musée juif et du Château). Tarifs étudiants (- 50 % le plus souvent).

Carte Prague

→ *1 280 à 1 780Kč pour 2 à 4 j. (achat en ligne, à l'aéroport, au PIS, dans certaines agences de voyages ou au Château) www.praguecard.com*

Tous transports illimités, navette aéroport, accès gratuit à plus de 50 musées et monuments, tour en bus, nombreuses réductions.

HORAIRES

Restaurants

→ *En général, tlj. 11h-0h (service continu)*

Dernier service : 22h30-23h

Réservation conseillée en pleine saison.

Magasins

→ *Horaires très variables*

En général, lun.-ven. 9h-19h, sam. 9h-13h

Grands magasins

→ *En général, lun.-sam. 9h-20h, dim. 10h-18h*

Banques

→ *En général, lun.-ven. 8h-17h*

Bureaux de change

→ *En général, tlj. 9h-23h*

Musées

→ *En général, mar.-dim. 10h-17h/18h*

Ouvert la nuit

Pharmacie 24h/24 (**E** C2)

→ *Palackého 5*

→ *Belgická 37* (**F** B4)

Poste centrale (**E** C1)

→ *Jindřišská 14 Tlj. 2h-0h*

SE RESTAURER

Usages

Déjeuner entre 11h et 15h, dîner entre 18h et 23h.

Spécialités

Le dîner demeure le repas principal. Les Tchèques se contentent souvent d'un plat copieux comme le traditionnel *vepřo*-knedlo-zelo associant porc (*vepřo*), chou (*zelí*) et une sorte de quenelle de pain coupée en tranches (*knedlíky*). La cuisine internationale est de plus en plus présente.

Addition

Les apéritifs et en-cas apportés d'office ne sont généralement pas offerts (ne pas hésiter à les refuser). Attention, certains établissements touristiques facturent le pain et le couvert en sus.

Pourboire

Env. 10 % du prix total, à remettre de la main à la main en arrondissant la note.

Établissements

Dans la rue

Párky (hot-dogs), *klobásy* (saucisses grillées), *trdelník* (pâtisserie à la broche)...

Cafés (kavárna)

Sandwichs, salades et pâtisseries.

Pubs tchèques (pivnice, hospoda, hostinec)

Des plats tchèques, simples, roboratifs et bon marché (goulasch).

Restaurace

Le vrai restaurant, plus cher que les pubs. Cuisine locale et internationale.

SORTIES

Infos spectacles

Přehled

→ *Mensuel Dans les kiosques à journaux et les bureaux de tabac*

Programme des pièces de théâtre, concerts, etc.

Prague Post

→ *En ligne uniquement : www.praguepost.com*

Actualités culturelles, guide des sorties (en anglais).

Réservations

Auprès du PIS ou du Čedok (cf. Informations touristiques). Mais aussi :

MARCHÉ FERMIER NÁPLAVKA

Ticketpro (**E** C1)
→ *Václavské nám. 38 (Pasáž Rokoko) Tlj. 9h-14h, 14h30-20h www.ticketpro.cz*

BTI - Bohemia ticket international (**A** E3)
→ *Na Příkopě 16 Tél. 224 215 031 www.bohemiaticket.cz*

Concerts classiques
Tout au long de l'année, concerts dans de nombreuses églises de Prague. Liste auprès du PIS.

Chapelle des Glaces (**A** C2)
→ *Klementinum*

Španělská Synagóga (**B** B3)
→ *Vězeňská 1*

Sv. Martin ve Zdi (**E** B1)
→ *Martinská*

Récitals d'orgue
Saint-Nicolas (**A** D2)
→ *Staroměstské náměstí*

Sv. Jiljí (**A** C3)
→ *Husova 8*

SHOPPING

Soldes
Après Noël dans les boutiques du centre-ville.

Adresses utiles
Kotva (**B** E4)
→ *Revoluční 1*
Grand magasin de 5 étages.

Tesco (**E** B1)
→ *Národní 26*
Supermarché. Sélection de produits tchèques.

Palladium (**B** E4)
→ *Náměstí Republiky 1*
Un *mall* moderne : livres, mode, supermarché.

PRAGUE AUTREMENT

En tramway
Lignes n°s 17 et 22
Desservent les principaux monuments de la ville. Pour un *sightseeing* pas cher !

Tramway historique et touristique ligne n° 91
→ *Départ Výstaviště (parc des expositions) Avr.-oct. : w.-e. 12h-17h Prix 35Kč*
Tram en bois du début du XXe s. : Château, Malá Strana et Vieille Ville.

En bateau
Jazz Boat (**B** B3)
→ *Dvořákovo nábřeží 6 Tél. 731 183 180 Tlj. à 20h Tarif 590-690Kč (étudiants 295Kč)*
Chaque soir, un concert de jazz et une balade de près de trois heures sur la Vltava. Dîner possible.

Visites guidées à pied
Le PIS organise des visites des principaux monuments. Sinon :

Prague Walks (hors plan **D** E4)
→ *Na Bělidle 4 Tél. 608 973 390 www.praguewalks.com*
Grande promenade tlj. à 10h30 (durée 4h, départ pl. de la Vieille-Ville). Promenades thématiques (le Château, les brasseries, les fantômes de Prague...).

Avantgarde (**A** D2)
→ *Jáchymova 3 Tél. 226 235 080 www.avantgarde-prague.fr*
Visites régulières en groupes ou thématiques avec guide privé.

TENDANCE(S)

Trdelník
D'origine slovaque, le *trdelník* a conquis les trottoirs pragois ! Cette pâtisserie se cuit au-dessus des braises, enroulée autour d'une broche en bois, d'où sa forme caractéristique. Kiosques **place de la Vieille-Ville (A** D2).

Quais réinvestis
Longtemps oubliés, les rives de la Vltava ont été réhabilitées, surtout les **quais Masaryk et Rašínovo (E** A2-A4). Restaurants, cafés et même loueurs de vélos... Nombreuses animations aux beaux jours.

Marchés fermiers
Après une totale disparition, c'est la renaissance des marchés. Et quel succès ! Depuis quelques années, on se presse pour remplir son panier, mais aussi passer un moment autour d'un verre ou d'un en-cas. **Marché fermier Náplavka (E** A4).

Design tchèque
Talentueux jeunes créateurs tchèques ! L'occasion de rapporter un souvenir plus original que des verres en cristal. **Qubus & Denim Heads (B** D3), **Papelote (E** A2).

Restaurants végétariens
Pour beaucoup de Tchèques, un repas sans viande n'est pas un vrai repas. Gibier, jarret ou travers de porc, viandes en sauce... Mais les bonnes tables végétariennes commencent à percer ! **Maitrea (B** C4), **LoVeg (C** C4).

PONT CHARLES

MALÁ STRANA

ANCIEN CIMETIÈRE JUIF

PONTS DE PRAGUE

PLACE DE LA VIEILLE-VILLE

MAISON SÉCESSION

KAVÁRNA OBECNÍ DŮM

KARLOVY LÁZNĚ

HAVELSKÉ TRŽIŠTĚ

Tlj. 12h-15h, 17h30-23h
Sous la houlette de Marek Šáda, une table raffinée et sa carte qui fait la part belle aux produits locaux : viande de daim, canard rôti, strudel "déconstruit"... Terrasse face au pont Charles. Plat 495-895Kč.

CAFÉS, BARS, CLUBS

Grand Café Orient E2 7
→ *Ovocný trh 19*
Tél. 224 224 240
Tlj. 9h (10h w.-e.)-22h
Après 80 ans de fermeture, le café de la maison "À la Vierge noire" (au 1er étage) a rouvert avec toute la singularité de son décor d'origine : tout, ici, est cubiste, des chaises jusqu'aux porte-manteaux !

Kavárna Obecní dům F2 8
→ *Náměstí Republiky 5*
Tél. 222 002 763 Tlj. 7h30-23h
Le café de la maison de la Municipalité, l'un des plus emblématiques de Prague. Hauteur démesurée des plafonds, lustres, miroirs, déluge de marbre et de chromes, serveurs en uniforme... Toute la splendeur début XXe s. !

U Zlatého Kohouta D3 9
→ *Michalská 3*
Tél. 705 223 526
Tlj. 12h (14h w.-e.)-21h30
Au fond d'une cour, un salon de thé pour échapper à la foule. Objets de brocante, feu de cheminée l'hiver, et près de 200 sortes de thés : *oolong* chinois, *genmaicha* japonais, thé fumé du Yunnan, *yerba mate*...

The Pub C2 10
→ *Veleslavínova 3*
Tél. 222 312 296
Lun.-ven. 11h-1h (3h ven.), w.-e. 13h-3h (1h dim.)
Avis aux apprentis *barmen* : sur chaque table de ce vaste bar, propriété de la célèbre Pilsner Urquell, trône une tireuse pour se servir soi-même ! Le reste se passe sur écran tactile. Au sous-sol, l'ambiance est explosive !

Popocafepetl D3 11
→ *Michalská 15*
Tél. 224 240 637 Tlj. 17h-4h
Dans une cave gothique, un bar bien connu des étudiants, qui viennent y trinquer et danser toute la nuit. Quatre autres adresses, dont une à Malá Strana : *Újezd 19* **(D** D3).

Duende B3 12
→ *Karoliny Světlé 30*
Tél. 774 486 077
Tlj. 13h (15h sam. ; 16h dim.)-3h
Près du pont Charles, mais à l'écart du flux touristique, un bar très chaleureux fréquenté par une faune bigarrée. Petits concerts.

Agharta D3 13
→ *Železná 16 Tél. 222 211 275*
Tlj. 19h-1h ***Concerts*** *21h*
www.agharta.cz
Le club des vrais amateurs de jazz, dans le cadre feutré d'une cave du XIVe s. Tous les soirs, des musiciens tchèques de renom : modern et funk jazz, blues, fusion... Boutique de CD.

Karlovy Lázně B3 14
→ *Smetanovo nábřeží 1*
Tél. 222 220 502 Tlj. 21h-5h
Au pied du pont Charles, d'anciens bains publics (XVe s.) mués en boîte de nuit géante, autoproclamée la plus grande d'Europe centrale. Sur cinq étages, *dance*, disco, r'n'b et hip-hop pour une clientèle très jeune, principalement étrangère.

THÉÂTRES

Národní divadlo marionet C2 15
→ *Žatecká 1*
Tél. 224 819 322 Jours de représentations variables (billetterie 10h-20h, spectacle 20h) www.mozart.cz
Le Théâtre national de marionnettes, une tradition tchèque qui remonte au XVIIe s. L'opéra *Don Giovanni* est souvent à l'affiche.

Stavovské Divadlo E3 16
→ *Ovocný trh 1*
Tél. 224 901 448
www.stavovskedivadlo.cz
Le théâtre des États (1781), une des scènes du Théâtre national. En 1787, Mozart y donna sa première représentation de *Don Giovanni*. Ballets, concerts et opéra.

SHOPPING

Havelské Tržiště D3 17
→ *Havelská (entre Uhelný trh et Melantrichova) Tlj. 8h-18h*
Le marché de la rue Havelská depuis le XIIIe s. : entre babioles et artisanat touristique subsistent quelques étals de fruits et légumes.

Koh-i-Noor Hardtmuth F2 18
→ *Na Příkopě 24*
Tél. 739 329 019 Tlj. 10h-20h
Petite enseigne du célèbre fabricant tchèque de crayons, inventeur de la mine de plomb en 1802.

CHAPELLE DE BETHLÉEM

MALÉ NÁMĚSTÍ

SAINT-NICOLAS

MAISON "À LA VIERGE NOIRE"

MAISON DE LA MUNICIPALITÉ

K. I. Dientzenhofer. Monumentale façade d'une blancheur éclatante et superbe intérieur (fresques de C. D. Asam et impressionnants stucs de Spinetti). Concerts.

★ Place de la Vieille-Ville D2

Assassinat de Venceslas (929), couronnement de Charles IV (1346), exécution des chefs hussites (1621), discours de Václav Havel (1990)... ce cœur de la cité porte le souvenir des événements qui ont marqué le pays. Résumé de l'histoire architecturale, les styles des façades se superposent et se fondent : gothique ("À la Cloche de pierre", n° 13), Renaissance ("À la Minute", n° 3) ou baroque ("À la Licorne d'or", n° 17). Au centre de la place, le fier monument à Jan Hus (1915). Au sud, le vieil hôtel de ville (XIVe s.) et son beffroi (ascension possible), dont l'horloge astronomique est l'attraction : chaque heure devant la foule, les statuettes des 12 apôtres défilent au-dessus des deux cadrans.

★ Palais Kinský D2

→ *Staroměstské náměstí 12*
Tél. 224 810 758 Mar.-dim. 10h-18h
Dans un palais rococo (1765), les collections d'art méditerranéen antique et d'art asiatique de la Galerie nationale et du Musée national.

★ Notre-Dame-du-Týn E2

→ *Staroměstské náměstí 14*
Tél. 222 318 186
Mar.-sam. 10h-13h, 15h-17h ; dim. 10h-12h
Élevé entre 1380 et 1511, voici l'édifice religieux le plus important de Prague après la cathédrale Saint-Guy : ses deux tours de 80 m dominent la place de leurs flèches acérées. Ce pôle gothique du mouvement hussite a été baroquisé au XVIIe s. : à voir, les autels et leurs tableaux, le tympan du portail nord et sa *Crucifixion*.

★ Maison "À la Vierge noire" E2

→ *Ovocný trh 19*
Un rare témoignage de l'architecture cubiste, conçu en 1912 par Josef Gočár. À l'angle nord apparaît une Vierge noire, vestige de l'édifice gothique primitif.

★ Maison de la Municipalité F2

→ *Náměstí Republiky 5*
Tél. 222 002 107 Tlj. 10h-19h
L'apothéose de l'Art nouveau tchèque ! Špillar, Aleš, Mucha... les plus grands talents de l'époque ont participé, entre 1902 et 1911, à l'ornementation du bâtiment mais aussi des salons (celui du Maire est un chef-d'œuvre), salles de concert et café. Profusion de marbres, de mosaïques, de fers forgés...

COUVENT SAINTE-AGNÈS

PARC DE LETNÁ

★ **Rudolfinum** A4
→ *Alšovo nábřeží 12*
Tél. 227 059 227 **Galerie** *Mar.-dim. 10h-18h (20h jeu.)*
www.ceskafilharmonie.cz
En 1874, J. Zítek et J. Schulz offrent à Prague une salle de concert à la hauteur de sa réputation musicale. Dvořák y dirige en 1896 la première de sa *Symphonie du Nouveau Monde*. L'exceptionnelle acoustique en fait le lieu de résidence de l'Orchestre philharmonique tchèque. Galerie d'art et café.

★ **Musée des Arts décoratifs** B4
→ *17. Listopadu 2*
Tél. 251 093 111 Réouverture après rénovation en 2017
La plus importante collection d'Europe centrale d'arts décoratifs, dans un bâtiment néo-Renaissance. Tissus, céramiques, porcelaine, bijoux… du Moyen Âge à la fin du XIXᵉ s. Petit café.

★ **Musée juif** C3-B4
→ *U Starého hřbitova 3a (syn. Klaus) ; Maiselova 10 (syn. Maisel) ; Široká 3 (syn. Pinkas) ; Vězeňská 1 (syn. espagnole)*
Tél. 222 317 191 Dim.-ven. 9h-18h (16h30 nov.-mars)
Mille ans d'histoire contés par 40 000 œuvres et 100 000 ouvrages, répartis dans les seuls édifices ayant survécu à la modernisation du quartier au XIXᵉ s. : exposition sur les fêtes et traditions juives (syn. Klaus), histoire des Juifs de Bohême et de Moravie (syn. Maisel) et bouleversant mémorial aux victimes de l'Holocauste (syn. Pinkas). À la synagogue espagnole, des concerts dans un sublime cadre néomauresque.

Ancien cimetière juif B4
→ *Široká 3*
Érodées par les ans, 12 000 stèles se chevauchent et s'affaissent, à demi enfouies dans le sol. L'une des premières sépultures serait celle du rabbin Avigdor Karo (1493). Les inhumations ont cessé en 1787 sur ordre de Joseph II, par crainte de la peste. Un lieu émouvant.

★ **Synagogue Vieille-Nouvelle** B3
→ *Červená 1 Tél. 224 800 812 Dim.-ven. 9h-17h (18h avr.-oct. (ven. fermeture 1h avant Shabbat*
L'un des plus anciens lieux de culte (XIIIᵉ s.) de la communauté juive d'Europe. Comme imprégnée du souvenir des persécutions dont furent victimes les Juifs du ghetto, sa sombre architecture alimenta bien des légendes : on raconte que dans ses combles gisent les restes du Golem, la mythique créature du rabbin Loew, qui officia ici au XVIᵉ s. Le tympan sculpté, figurant le feuillage d'un figuier, est un joyau de l'art gothique.

RUDOLFINUM

MUSÉE DES ARTS DÉCORATIFS

ANCIEN CIMETIÈRE JUIF

Seuls témoins de l'histoire mouvementée de ce qui fut l'une des plus importantes communautés juives d'Europe : 6 synagogues et le cimetière, aujourd'hui récupérés par le commerce touristique. Du tracé labyrinthique du ghetto, il ne reste plus rien : au XIXe s., cours et ruelles insalubres ont laissé place à d'élégantes avenues et à des façades néobaroques ou Sécession. Sur la rue Pařížská, s'alignent les enseignes prestigieuses, tandis que Dlouhá est l'un des foyers de la nuit pragoise. Sur l'autre rive : le parc de Letná, lieu de promenade privilégié. Au nord-est, dans la boucle de la rivière, Holešovice, quartier issu de l'ère industrielle, attire de plus en plus.

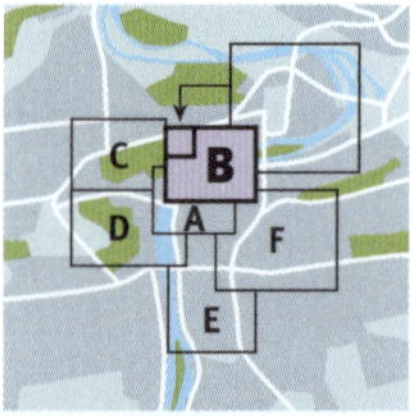

CAFÉ IMPERIAL

HANAVSKÝ PAVILON

RESTAURANTS

Lokál D3 ❶
→ *Dlouhá 33 Tél. 222 316 265 Tlj. 11h-1h (oh dim.)*
Cette salle incroyablement longue court tout le long de la rue Rybná ! Un lieu animé, décontracté, où l'on vient à toute heure pour les bonnes bières et les plats tchèques de qualité à prix doux (soupes, salades, goulasch...). Quatre autres adresses, dont : *Míšeňská 12* (**D** E1). Plat 105-259Kč.

Maitrea C4 ❷
→ *Týnská ulička 6*
Tél. 221 711 631
Tlj. 11h30 (12h dim.)-23h30
La plus sympathique des nombreuses tables végétariennes de la ville : couleurs chaudes, bassins et fontaines, personnel souriant et atmosphère très zen. On s'y presse pour les salades et *quesadillas* mais aussi un goulasch sans viande ! Menu midi (sem.) 115Kč ; plat 170-185Kč.

V Kolkovna C3 ❸
→ *V Kolkovně 8*
Tél. 224 819 701 Tlj. 11h-0h
Face à la synagogue espagnole, cette brasserie souvent bondée et dotée d'un joli bar sert assiettes de viandes, escalopes panées et *svíčková*, le plat national (rôti de bœuf à la crème). Plat 176-460Kč.

Café Imperial F4 ❹
→ *Na Poříčí 15*
Tél. 246 011 440 Tlj. 7h-23h
Une salle Art déco (1914) inoubliable pour apprécier les spécialités du chef vedette Zdeněk Pohlreich. Belle sélection de desserts (à déguster à tout moment). Plat 199-415Kč.

Hanavský pavilon A2 ❺
→ *Letenské sady*
Tél. 233 323 641
Tlj. 10h-23h (22h hiver)
Un délicieux pavillon de chasse rococo, perdu entre les arbres sur la colline de Letná. Dès les beaux jours, sa terrasse de rêve ouvre sur la Vltava et ses ponts. Chèvre chaud et gelée d'airelles, poulet à la bière brune, risotto d'asperges aux champignons... Plat 312-624Kč.

Sansho F3 ❻
→ *Helmova, Petrská 25*
Tél. 222 317 425
Mar.-ven. 11h30-14h, 18h-23h ; sam. 18h-23h
Pas de menu fixe ici, mais des plats au gré de l'humeur de Paul Day, ancien boucher du Chinatown londonien, dont la philosophie est basée sur le respect (des saisons, des animaux, des producteurs locaux...). Plat 190-245Kč (midi), menu 900-1 200Kč (soir).

PANORAMA PERGOLA

U ZAVĚŠENÝHO KAFE

THE ROCKING HORSE TOY SHOP

Cuisine internationale, *apfelstrudel* et soda maison. Menu midi (en sem.) 145 Kč ; plat 295-425Kč.

U zlaté hrušky B3 7
→ *Nový svět 3*
Tél. 723 764 940 Tlj. 11h-22h
Dans une charmante rue pavée, "À la poire d'or" est une magnifique maison du XVIe s., où l'on se régale de spécialités raffinées : cuisse d'oie confite au chou à la cannelle, gigot de chevreuil à la crème et aux airelles... L'été, bucolique terrasse sous des châtaigniers centenaires. Plat midi 210-230Kč, soir 350-490Kč.

CAFÉS, BARS

Panorama Pergola E3 8
→ *Staré zámecké schody 6*
Tél. 257 219 079 Tlj. 11h-22h
Annexe de la Villa Richter, ce café s'étire aux beaux jours au milieu du vignoble millénaire de Saint-Venceslas ! Panorama magique sur la ville.

LoVeg C4 9
→ *Nerudova 36*
Tél. 702 901 060 Tlj. 11h30-22h
Un chaleureux refuge pour végétariens, au sommet d'un long escalier. De la petite terrasse, vue sur les toits ! Bière Regent bio et grand choix d'eaux-de-vie artisanales.

Malý Buddha A4 10
→ *Úvoz 46 Tél. 220 513 894*
Mar.-dim. 12h-22h30
Un salon de thé comme une bouffée d'air pour faire une pause entre deux bières et s'apaiser l'esprit après l'épuisant Château. Thés du Népal, du Tibet, du Darjeeling, du Yunnan, mais aussi lait de soja, jus d'aloe vera, alcool de ginseng, salade de tofu et plats végétariens.

U Raka A3 11
→ *Černínská 10*
Tél. 220 511 100 Tlj. 14h-18h30
L'occasion d'une échappée hors des sentiers très battus du Château : le salon de thé de ce petit hôtel de charme éparpille l'été ses tables sous les arbres, au calme. L'hiver, on se réchauffe dans la réception (3 tables seulement).

U Černého vola B4 12
→ *Loretánské náměstí 1*
Tél. 606 626 929 Tlj. 10h-22h
Un coffrage de bois, courant tout autour de cette vénérable *pivnice*, sert de banc : ici, on fait table commune ! Ambiance enfumée, authentique, pour une Kozel brune ou blonde à la pression.

U Zavěšenýho kafe B4 13
→ *Úvoz 6 Tél. 605 294 595*
Tlj. 11h-0h
Le "Café suspendu" doit son nom à une ancienne coutume, qui consistait à payer son café deux fois : un pour soi, l'autre pour un futur client sans le sou... La convivialité reste le maître-mot de cette taverne, ornée des dessins aux figures fantastiques de Jakub Krejčí. On y trinque autour d'une Pilsner, à accompagner de *pivní sýr*, "fromage à bière" servi avec des sardines, de la moutarde et du paprika.

SHOPPING, GALERIES D'ART

Manufaktura D3 14
→ *Zlatá ulička*
Tél. 601 310 619 Tlj. 9h-18h
Touristique, bien sûr, car situé à l'entrée de la Ruelle d'or, mais les plus pressés pourront y faire provision de cadeaux et produits tchèques (cosmétiques à base de bière, artisanat...). Autres boutiques en ville.

The Rocking Horse Toy Shop A4 15
→ *Loretánské náměstí 3*
Tél. 603 515 745 Tlj. 10h30-18h
Jouets en bois de fabrication tchèque : voitures miniatures, petits chevaux à bascule, diables et anges de la Saint-Nicolas, etc.

Galerie Josefa Sudka B4 16
→ *Úvoz 24 Tél. 257 531 489*
Mer.-dim. 11h-17h (19h avr.-sep.)
L'appartement du grand photographe tchèque Josef Sudek (1896-1976) est aujourd'hui une galerie à son nom : expos de photos, peintures ou dessins d'artistes locaux. Son atelier aussi a été reconverti en galerie : *Újezd 30* (**D** D3).

Gingerbread Museum C4 17
→ *Nerudova 9 Tél. 727 944 622*
Tlj. 10h-18h30
Voyage féerique dans le temple du pain d'épices, spécialité de la ville de Pardubice (à 100 km à l'est de Prague). Un café-boutique où foisonnent les couleurs pastel du glaçage.

Antikvariát C4 18
→ *Nerudova 16 Tél. 257 531 393*
Tlj. 10h-13h, 14h-18h
Un amoncellement de livres d'occasion, cartes postales, photos et affiches anciennes, timbres... Pour le plaisir de chiner et de dénicher la perle rare.

ArtSen C3 19
→ *Zámecké schody 4*
Tél. 776 070 703
Tlj. 10h30-18h (19h été)
Dans les escaliers menant au Château, une demeure où vécut František Kupka (l'un des pères de la peinture abstraite), devenue galerie d'art éclectique : vues de Prague insolites et colorées.

BASILIQUE SAINT-GEORGES

RUELLE D'OR

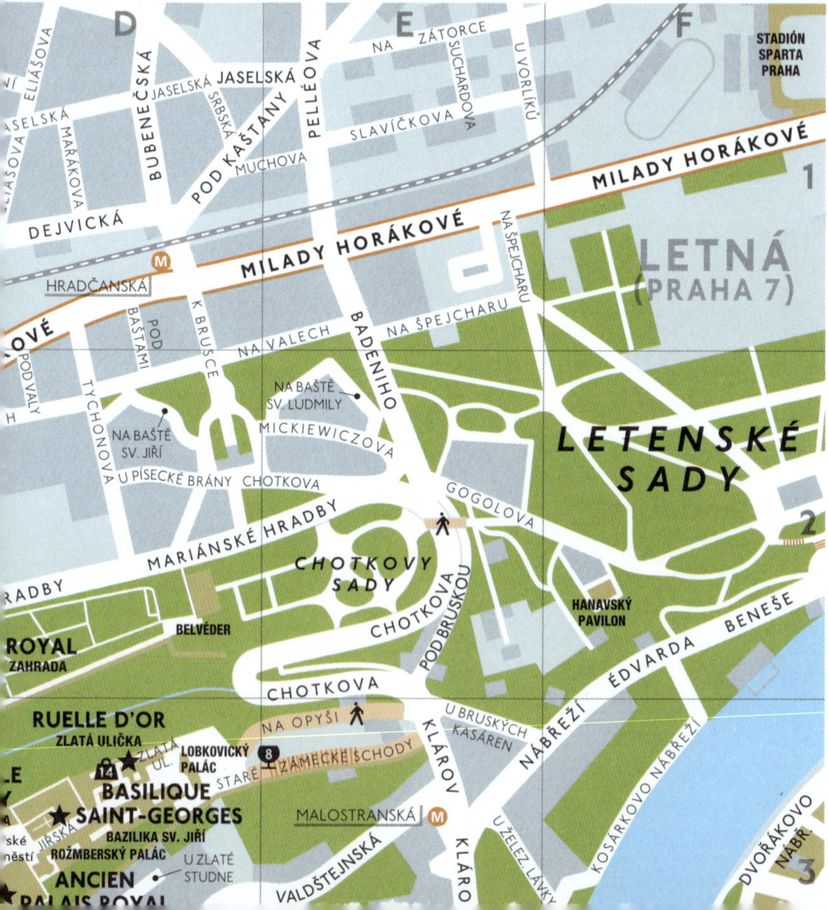

▼ Plan B

◀ Plan A/D

ALAIS ŠTERNBERG

PLACE DE LORETTE

COUVENT DE STRAHOV

ai, sep. : tlj. 10h-19h ; juin-juil. : . 10h-21h ; août : tlj. 10h-20h
n charmant parc aménagé n 1534 sur le côté nord u Château. Son pavillon appelé Belvédère) est l'un es plus beaux édifices enaissance hors d'Italie.

Place Hradčanské C3
omptueuses demeures enaissance ou baroques, difiées face à la première our du Château : le palais rchiépiscopal (nº 16) et sa açade rococo ; le palais oscan (nº 5), baroque 'inspiration romaine ; palais Martinic (nº 8) et es trois maisons gothiques ansformées en palais enaissance.

Palais Schwarzenberg C3
→ *Hradčanské náměstí 2*
Tél. 233 081 713
Mar.-dim. 10h-18h
Dans une splendeur Renaissance, les collections tchèques (XVe-XVIIIe s.) de la Galerie nationale : art maniériste (Hans von Aachen, Heinz), peinture et sculpture baroques (Brandl, Brokof).

Palais Šternberg B3
→ *Hradčanské náměstí 15*
Tél. 233 090 570
Mar.-dim. 10h-18h
Superbe collection d'art ancien européen : *Fête du Rosaire* (Dürer, 1506), *Le Christ* (le Greco, v. 1595) et autres chefs-d'œuvre des plus grands maîtres du XIVe au XVIIIe s.

★ **Place de Lorette** A4
→ ***Église*** *Avr.-oct. : tlj. 9h-17h ; nov.-mars : tlj. 9h30-16h*
Une des plus belles places de Prague ! Au monumental palais Černín (1679) répond l'élégante façade rococo de Notre-Dame-de-Lorette (1721). À l'intérieur, la réplique pragoise de la Santa Casa italienne, dédiée au culte de la Vierge, trahit la volonté de réaffirmer la victoire de la Contre-Réforme. La salle du Trésor conserve le *Soleil de Prague* (1696), ostensoir d'or serti de 6 222 diamants.

★ **Couvent de Strahov** A4
→ *Strahovské nádvoří*
Tél. 233 107 718
Bibliothèque *Tlj. 9h-12h, 13h-17h*
Dès sa fondation en 1143, le monastère réunit de précieux manuscrits (chants grégoriens) et incunables (l'évangéliaire de Strahov du IXe s.). Malgré les incendies et les pillages, les collections, ruinées, se reconstituent. Au XVIIe s. est aménagée la salle de Théologie (précieuses bibliothèques en noyer sculpté, stucs exubérants). Dans la salle de Philosophie (XVIIIe s.), rayonnages de 15 m de haut et somptueuse fresque d'Anton Maulbertsch.

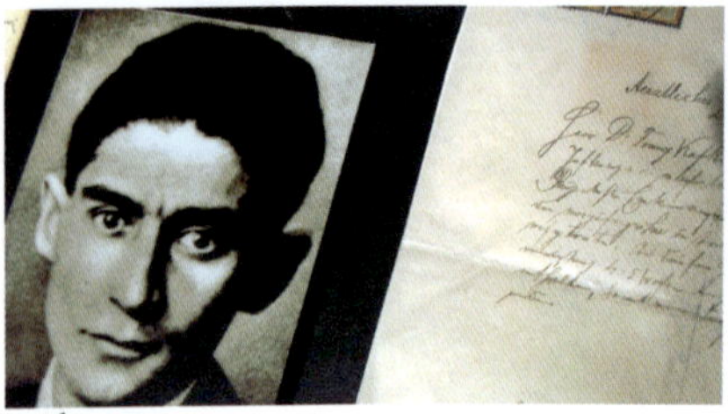

MUSÉE KAFKA

JARDIN VRTBA

★ **Nerudova** C1
Le dernier tronçon de l'ancienne voie Royale s'accroche à la colline et grimpe vers le Château, dévoilant un remarquable ensemble de maisons baroques. Au nº 5, le palais Morzin (1713) et son expressif balcon porté par des *Atlantes maures*, sculptés par Brokof. Au nº 47, la maison du poète Jan Neruda (1834-1891), qui donna son nom à la rue. Au-dessus des portes d'entrée, de vieilles enseignes ("Aux Trois Violons", "À la Coupe d'or"), souvenirs émouvants de la profession exercée par les premiers habitants du lieu.

★ **Saint-Nicolas** D1
→ Malostranské náměstí 25
Tél. 257 534 215
Tlj. 9h-17h (16h nov.-fév.)
Chef-d'œuvre du baroque pragois (Dientzenhofer père et fils, 1755) et symbole de la Contre-Réforme, cette église étonne par sa légèreté : ondulation des tribunes, dilatation des voûtes, pour une parfaite osmose entre l'architecture et l'opulent décor rococo. Stucs et lignes en trompe-l'œil confèrent une étonnante sensation de mouvement.

★ **Place de Malá Strana** D1
Le cœur de Malá Strana ! L'immense place en pente douce, ordonnée autour de l'église Saint-Nicolas, dévoile une grande unité architecturale. Tout autour, un superbe décor de théâtre, alternance de façades Renaissance ou baroque élevées après l'incendie de 1541. Dominant la partie haute de la place : le palais Liechtenstein (1791), de style néoclassique.

★ **Saint-Thomas** D1
→ Josefská 8 Tél. 257 530 556
Ouv. pendant les offices
Dans cette petite rue ne permettant aucun recul, la sculpturale façade baroque de l'église (K. I. Dientzenhofer, 1731) saisit par sa puissance. Chapiteaux dorés, stucs, moulures, voûtes peintes à fresque (V. V. Reiner, 1730) tranchent avec l'élancemen de la nef, qui rappelle l'origin gothique de Saint-Thomas, fondée par les Augustins au tournant du XIIIᵉ s.

★ **Palais Wallenstein** D
→ Valdštejnské nám. 4
Tél. 257 075 707 ***Palais*** *Avr.-oct. : w.-e. 10h-17h (18h juin-sep.) ; nov.-mars : 1ᵉʳ w.-e. du mois 10h 16h* ***Jardins*** *Avr.-juin, sep.-oct. : tlj. 7h30 (10h w.-e.)-18h ; juil.-août : tlj. 7h30 (10h w.-e.)-19h*
Impressionnant palais Renaissance tardive, bâti de 1623 à 1629 pour Albert de Wallenstein, et qui abrite aujourd'hui le Sénat tchèque. Il faut y entrer et

NERUDOVA

SAINT-NICOLAS

PLACE DE MALÁ STRANA

D Malá Strana

Dominé par la colline de Petřín, le “Petit Côté” (Malá Strana) dévale les pentes du Château jusqu’à la Vltava en une cascade de toits rouges, ponctuée de jardins verdoyants. Malá Strana, la mystérieuse, invite au plaisir de l’errance : sa structure médiévale ménage ruelles, passages, escaliers, impasses, tandis que sur Nerudova, l’ancienne voie Royale, les palais baroques rivalisent de richesse ; sur l’île de Kampa, tout est bucolique et romantique. Au sud, on emprunte le funiculaire pour gravir Petřín, véritable poumon vert de la cité. Le temps s’arrête et le regard se perd dans la contemplation des méandres de la rivière.

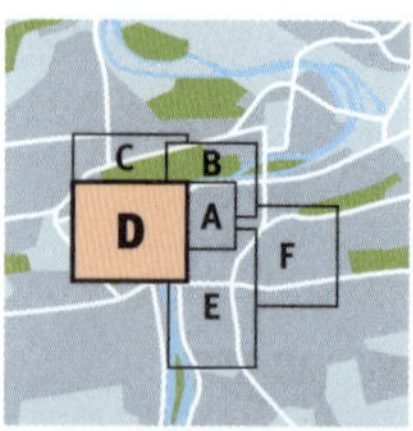

BAR BAR

U MODRÉ KACHNIČKY

RESTAURANTS

Petřínské terasy C2 1
→ *Seminářská zahrada*
Tél. 257 320 688
Tlj. 12h (11h ven.-dim.)-23h
Postée sur le flanc de la colline de Petřín, une maison rustique, dans le décor comme au menu. L’été, elle se prolonge par une vaste et calme terrasse, baignée de verdure, idéale pour les promeneurs en quête d’une pause. Plat 119-325Kč.

Bar Bar E2-3 2
→ *Všehrdova 17 Tél. 257 312 246*
Tlj. 11h30-23h30
Le rendez-vous des jeunes du quartier. Cuisine internationale délicate et abordable : soupes, confit de canard, etc. Menu midi 130-139Kč, plat 180-315Kč.

Cantina D3 3
→ *Újezd 38 Tél. 257 317 173*
Tlj. 11h30-0h
Les expatriés en mal d’exotisme ont trouvé ici leur cantine *caliente*, également adoptée par de nombreux Pragois. Bons plats mexicains (*burritos*, enchiladas...), large choix de cocktails, de tequilas et mezcal. Plat 189-419Kč.

Hergetova Cihelna E1 4
→ *Cihelná 2b Tél. 296 826 103*
Tlj. 11h30-1h
Dans une ancienne briqueterie (qui abrite aussi le musée Kafka), une large terrasse très courue ouvrant magnifiquement sur la Vltava et le pont Charles. Atmosphère chic et branchée, recettes internationales et pizzas “fusion” (au thon cru et wasabi, par exemple...). Plat 345-595Kč.

U modré kachničky D2 5
→ *Nebovidská 6*
Tél. 257 320 308
Tlj. 12h-16h, 18h30-23h30
Un cadre rétro somptueux (murs ornés de fresques, meubles fin XIXe s., tissus fleuris...), et une carte qui rend à la cuisine de Bohême ses lettres de noblesse. Spécialités de gibier (canard sauvage, faisan, sanglier, daim) et gastronomie tchèque traditionnelle (filet mignon à la crème, cuisse d’oie confite...). Autre adresse à Staré Město : *Michalská 16* (**A** D3). Plat 445-595Kč.

CAFÉS

Dobrá Trafika D2 6
→ *Újezd 37 Tél. 732 852 364*
Tlj. 6h30 (7h30 sam. ; 9h dim.)-23h
Au fond de ce bureau de tabac, un sympathique café meublé comme un

KLUB ÚJEZD

JAZZ DOCK

MARIONETTES

salon du début du xxe s. Aux murs, les œuvres d'amis artistes ; petite terrasse en été et cafés du monde entier.

Nebozízek C3 7
→ *Petřínské sady Accès par le funiculaire : arrêt Nebozízek Tél. 257 315 329 Tlj. 11h-23h*
La situation privilégiée de ce bel établissement, sur la colline de Petřín, attire aussi bien les touristes que les Pragois en quête de détente. Terrasse de rêve face à la ville, pour siroter une bière ou pour se restaurer.

Čertovka E1 8
→ *U Lužického Semináře 24 Tél. 257 532 205 Tlj. 11h30-0h*
Splendide terrasse qui donne sur un bras de la Vltava, la Čertovka. Il faut y prendre un verre en dehors des heures de repas : beaucoup de touristes, mais la vue sur le pont Charles est unique.

Pod Mostem E2 9
→ *Saská 1 Tél. 257 223 241 Tlj. 12h-23h*
Pour une pause "Sous le Pont", nom de ce petit bar situé sous l'arc même du Pont Charles ! Grandes fenêtres dans la salle (feu de cheminée l'hiver) et agréable petite terrasse offrant une vue unique sur la Vltava. Bières et restauration simple (saucisses maison, galettes de pommes de terre...).

Mlýnská Kavárna E3 10
→ *Parc de Kampa Tél. 257 313 222 Tlj. 12h-0h*
Un ancien moulin à eau transformé en café. Pour y accéder, on emprunte un pont de bois qui enjambe la Čertovka. Charme fou quelle que soit la saison !

V Sedmém nebi E3 11
→ *Zborovská 68 Tél. 603 424 645 Lun.-ven. 10h-1h, w.-e. 12h-1h (0h dim.)*
"Au septième ciel", Dieu fait de la balançoire... au-dessus du bar ! Autour de cette marionnette, les deux étages de ce petit café, calmes en journée (wifi et sandwichs), plus animés et enfumés le soir.

BARS, CONCERTS

Malostranská Pivnice E1 12
→ *Cihelná 3 Tél. 257 530 032 Tlj. 11h-0h (1h ven.-sam.)*
Un authentique pub dont la terrasse, particulièrement agréable en été, invite à faire table commune et à trinquer autour d'une Pilsner Urquell ou d'une Velkopopovický Kozel, les bières brassées sur place.

U malého Glena D2 13
→ *Karmelitská 23 Tél. 257 531 717 Tlj. 11h-2h*
Un petit bar, bondé le soir de joyeux trentenaires. Au sous-sol, la salle voûtée (venir tôt) accueille concerts de jazz, folk, blues... et une jam-session le dim.

Blue Light D1 14
→ *Josefská 1 Tél. 257 533 126 Tlj. 18h-3h*
Le QG des jeunes Pragois et des étudiants de tous pays, qui remplissent le week-end ses salles aux murs graffités. Cocktails.

Klub Újezd D3 15
→ *Újezd 18 Tél. 251 510 873 Tlj. 14h-4h*
Sur trois petits étages, ce vieux bar alternatif, qui assume son côté punk, ferme ses portes tard dans la nuit.

Jazz Dock E4 16
→ *Janáčkovo nábřeží 2 Tél. 774 058 838 Avr.-sep. : lun.-jeu. 15h-4h, ven.-dim. 13h-4h (2h dim.) ; oct.-mars : lun.-jeu. 17h-4h, ven.-dim. 15h-4h (2h dim.) www.jazzdock.cz*
Une excellente scène de concerts, les pieds dans l'eau ! *Live* tous les soirs, du jazz à la world music.

MeetFactory E4 17
→ *Ke Sklárně 15 Tél. 251 551 796 meetfactory.cz*
Coqueluche de l'underground pragois, un centre multiculturel ouvert par un collectif d'artistes (dont David Černý) dans d'anciens entrepôts des chemins de fer, à Smíchov. Programme éclectique et aléatoire : concerts, art contemporain, projections de films, théâtre, etc.

SHOPPING

Marionettes E2 18
→ *U Lužického semináře 7 Tél. 774 456 456 Tlj. 10h-20h (19h hiver)*
En vitrine, clowns et diablotins narguent le passant de leur sourire grimaçant ! De la tradition tchèque des marionnettes sont nés de véritables personnages de théâtre : le duo Spejbl (le père) et Hurvínek (le fils), Kašpárek (Polichinelle)... Ici tous faits main (bois ou plâtre) et de fabrication locale.

Galerie AleAle D2 19
→ *Lázeňská 2 (dans l'enceinte de l'église) Tél. 604 556 142 Lun.-sam. 10h-18h*
Cette boutique située dans une salle voûtée présente le travail d'artisans tchèques : bijoux en verre soufflé d'Alena Chládková et céramiques d'Alexander Chládek.

Botas D4 20
→ *Radlická 11 Tél. 251 552 906 Lun.-sam. 9h-18h (12h sam.)*
Les mythiques Botas, chaussures de sport de l'ère communiste, revues par de jeunes designers. Ou quand le désuet devient ultra tendance !

SAINT-THOMAS

PALAIS WALLENSTEIN

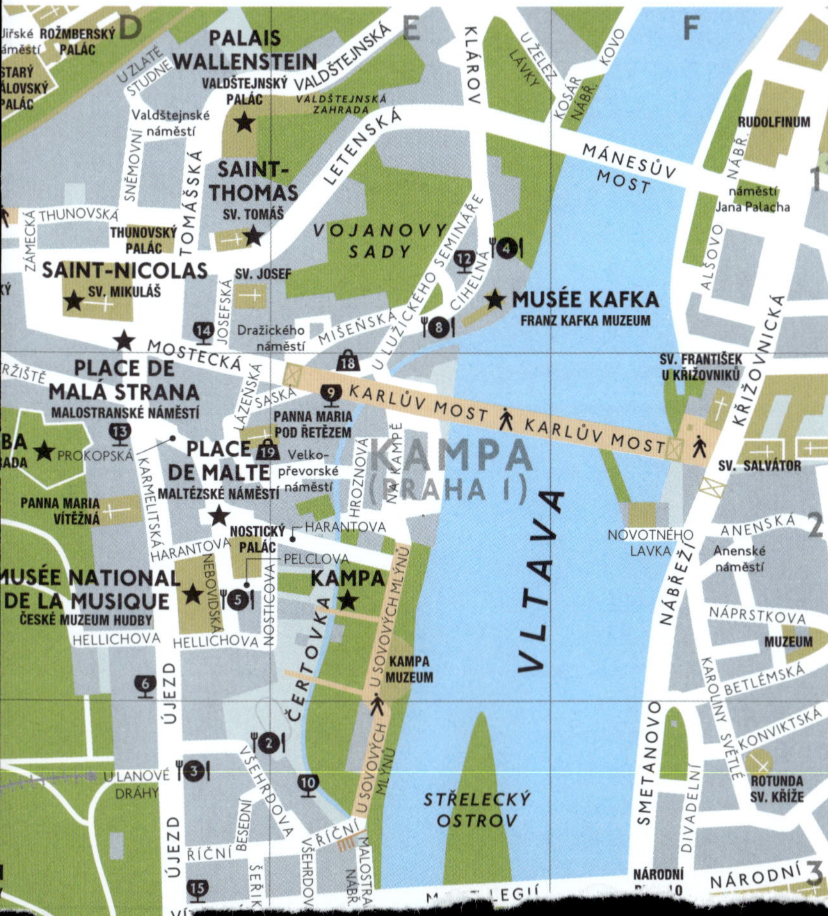

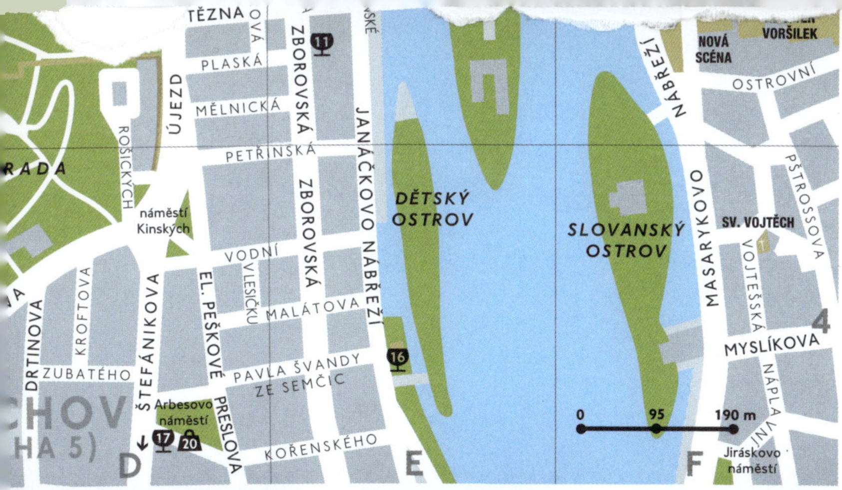

MUSÉE NATIONAL DE LA MUSIQUE

KAMPA

COLLINE DE PETŘÍN

raverser les cours pour rofiter des superbes jardins aroques, où se promènent le magnifiques paons t où s'ouvre la Sala Terrena, aste loggia à l'italienne, hef-d'œuvre maniériste le G. Pieroni.

★ Musée Kafka E1
→ Cihelná 2b
Tél. 257 535 373 Tlj. 10h-18h
mbiance sombre et nquiétante pour plonger lans l'univers de Franz afka (1883-1924), enfant le la cité. Correspondances, nanuscrits, installations udio et vidéo, photos, etc.

★ Jardin Vrtba D2
→ Karmelitská 25
él. 272 088 350
Avr.-oct. : tlj. 10h-18h
Dessiné par F. M. Kanka (1720), un fabuleux jardin baroque en terrasse, dont l'entrée est cachée au fond d'une cour ! Superbe vue.

★ Place de Malte D2
Figée dans le temps, cette place a pour écrin de riches demeures baroques et rococo, cadre du film *Amadeus* de Miloš Forman. À l'est, la place Velkopřevorské et son symbole de dissidence : le mur "John-Lennon", couvert de graffitis.

★ Musée national de la Musique D2
→ Karmelitská 4 Tél. 224 497 707
Mer.-lun. 10h-18h
Plus de 1 000 m² consacrés à l'histoire de la musique depuis la Renaissance. À voir : un étonnant piano-girafe de Bohême (XIXe s.), une mandoline napolitaine du XVIIIe s., une table de mixage de 1956… Au rdc : galerie de portraits (Dvořák, Smetana) et expos.

★ Kampa E2
Intime, l'île de Kampa, reliée à Malá Strana par plusieurs ponts, envoûte à coup sûr. Au détour de ses ruelles, le détail d'une façade, un ornement rococo, un bout de balcon accrochent le regard… De son joli parc, vue sur le pont Charles. À voir, le beau musée d'art contemporain Kampa.

★ Colline de Petřín C3
→ Funiculaire au départ de U Lanové Dráhy (cf. page Transports et hôtels à Prague)
Sur une colline face à la Vltava, une vaste forêt aménagée dès le XIIe s. en vignobles, en vergers et en jardins. D'où les multiples options pour pique-niquer ou faire la sieste sous un arbre ou sur une pelouse ! Au sommet, le belvédère, où se dresse une tour Eiffel miniature édifiée en 1891. Noyée dans un écrin de verdure, Sv. Vavřinec (1770), église encastrée dans le mur de la Faim, bâti sous Charles IV pour donner du travail aux pauvres.

QUAI MASARYK

GALERIE MÁNES

★ Place Venceslas C1
Trait d'union entre la Vieille Ville et la Ville nouvelle aménagée par Charles IV, une vaste place longue de 750 m, sorte de "Champs-Élysées" locaux, symbole de l'indépendance nationale. À l'ombre du Musée national (**F** A3), qui domine la place côté sud, trône la statue équestre (1912) de Venceslas Ier, saint patron de Bohême. Tout autour, de superbes réalisations du début du XXe s. : l'hôtel Evropa (n° 25) et ses flexuosités Jugendstil, la maison Peterka (n° 12) et sa géométrie Sécession, et le palais Koruna (n° 1), aux lignes Art déco.

★ Notre-Dame-des-Neiges C1
→ *Jungmannovo náměstí 18*
Tél. 222 246 243
Horaires variables
Cette église gothique, commandée par Charles IV en 1347, aurait dû être une des plus grandes de Prague, si les guerres hussites n'avaient mis un terme aux travaux (seul le chœur fut achevé). Impressionnant retable baroque au maître-autel et joli petit jardin attenant.

★ Národní A1
Une des artères les plus animées de Prague, tracée en 1781 le long des remparts de la Vieille Ville. Au début du XXe s., l'avenue est le lieu de promenade favori de la bourgeoisie tchèque. Elle a conservé ses cafés prestigieux, ses théâtres et ses trésors d'architecture Belle Époque. Côte à côte, deux édifices d'Osvald Polívka témoignent des différents courants de l'Art nouveau tchèque : au n° 9, la maison Topič (1910) se rapproche du Jugendstil germanique ; au n° 7, l'immeuble des anciennes assurances Praha (1907) s'inspire de la Sécession viennoise.

★ Quai Masaryk A2
Ce quai aligne un bel ensemble d'immeubles néo-Renaissance, néobaroques et Art nouveau. À voir, les remarquables stucs de Celda Klouček au n° 26, et l'entrée d'angle du n° 32 (Jiří Stibral).

★ Galerie Mánes A3
→ *Masarykovo nábřeží 250*
Reliant le quai Masaryk à la pointe sud de l'agréable île Slave, le bâtiment fonctionnaliste, fraîchement rénové, du Cercle artistique Mánes (1932) intègre à son architecture la tour Renaissance d'un château d'eau qui, jadis, alimentait les fontaines publiques. Quelques expositions d'art contemporain et, dans le même édifice, la galerie Adolf-Loos.

PLACE VENCESLAS

NOTRE-DAME-DES-NEIGES

NÁRODNÍ

▲ Plan D

E

Nové Město / Vyšehrad

Larges avenues, galeries du début du XXe s., places monumentales... la "Ville nouvelle" (Nové Město), née d'un grand projet urbain du XIVe s., se déploie autour de l'immense place Venceslas, symbole de la résistance tchèque face à l'occupation soviétique. Bouillonnante de vie, Národní s'étire jusqu'à la Vltava et égrène restaurants, passages, cafés et salles de concert... Au sud, tout au bout des élégants quais Masaryk et Rašín, s'élevait l'"autre" château, berceau mythique de Prague, perché sur la colline de Vyšehrad. Pour une promenade loin de l'agitation trépidante du centre-ville, et un coup d'œil aux maisons cubistes.

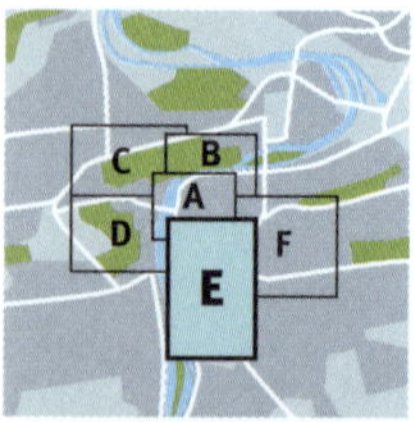

DYNAMO

CAFÉ LOUVRE

RESTAURANTS

Kyvadlo C2 1
→ *V Jámě 5 Tél. 224 162 415*
Tlj. 11h (12h w.-e.)-0h
Dans un décor de briques et de bois blond, on prend sa pause déjeuner ou on se réunit le soir entre amis : classiques de la cuisine tchèque, pâtes, plats végétariens. Plat midi 95-150Kč, soir 148-395Kč.

Lemon Leaf A3 2
→ *Myslíkova 14 Tél. 224 919 056*
Lun.-ven. 11h-23h (0h ven.), w.-e. 12h-0h (23h dim.)
Pour une pause entre deux goulaschs, des plats thaïs parfumés, servis dans une belle et grande salle : salade de papaye, soupe au lait de coco, curry vert ou rouge, *pad thai*, poulet à la citronnelle, etc. Menu dégustation le w.-e. à midi (299Kč). Plat 149-339Kč.

Dynamo A2 3
→ *Pštrossova 29*
Tél. 224 932 020 Tlj. 11h-23h
Affiches arts graphiques et murs pastel pour une déco rétro mais tout à fait dans l'esprit de la clientèle, tendance. Salades, pâtes, assiettes végétariennes et grillades. Plat 149-420Kč.

U Pinkasů C1 4
→ *Jungmannovo náměstí 16*
Tél. 221 111 152 Tlj. 10h-23h30
Une brasserie authentique, fréquentée depuis 1843 pour sa Pilsner Urquell et sa cuisine typiquement tchèque. Chopes qui s'entrechoquent, salles enfumées... Plat 169-399Kč.

Ginger & Fred A3 5
→ *Rašínovo nábřeží 80*
Tél. 221 984 160 Tlj. 12h-22h30
Aux deux derniers étages de la Maison dansante, un cadre en harmonie avec l'architecture audacieuse. Cuisine internationale et spectaculaire vue panoramique sur la Vltava et le Château. Terrasse en été. Plat 289-685Kč.

CAFÉS, BARS

Café Louvre B1 6
→ *Národní 22 Tél. 224 930 949*
Tlj. 8h (9h w.-e.)-23h30
L'un des plus élégants cafés de Prague (1902), où Franz Kafka et Max Brod avaient coutume de se retrouver. Hauts plafonds, serveurs distingués en tablier blanc, murs crème et saumon... On y resterait des heures à siroter un café, déguster une pâtisserie, lire le journal ou jouer au billard.

Kavárna Slavia A1 7
→ *Smetanovo nábřeží 2*
Tél. 224 218 493
Tlj. 8h (9h w.-e.)-0h
Smetana, Dvořák puis Václav Havel et ses amis dissidents... Depuis 1863,

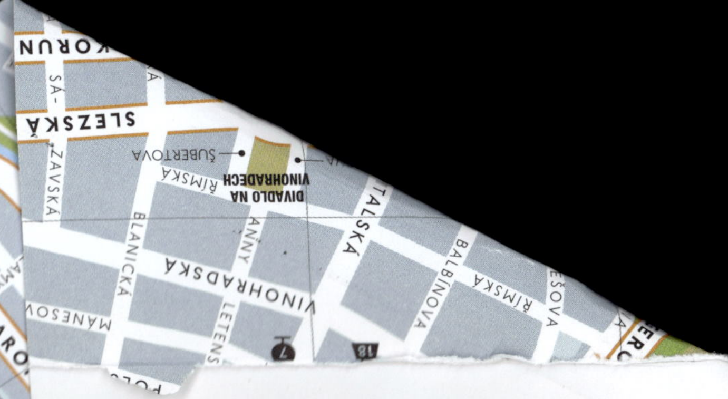

REDUTA JAZZ CLUB

LUCERNA PASÁŽ

TERRYHO PONOŽKY

artistes et intellectuels ont occupé les banquettes de ce café mythique. Dans ce sublime cadre Art déco, hommage à l'absinthe, se côtoient aujourd'hui visiteurs, hommes d'affaires et vieilles dames tchèques, venus s'imprégner de l'aura du lieu.

U Fleků A2 8
→ *Křemencova 11*
Tél. 224 934 019 Tlj. 10h-23h
Très touristique, certes, mais cette taverne remonterait à 1499 ! Tablées joyeuses, enfilade de salles médiévales, chansons et flonflons… pour expérimenter un vrai pub tchèque. Et puis la bière brune, brassée sur place, est délicieuse.

Velryba B2 9
→ *Opatovická 24*
Tél. 224 931 444
Tlj. 11h (12h w.-e.)-23h
"La Baleine" fut le premier café-galerie à ouvrir en 1992. Au déjeuner, étudiants et jeunes artistes viennent travailler en buvant un café ou en mangeant un plat de pâtes. Le soir, alcool et fumée de rigueur !

Rock Café B1 10
→ *Národní 20 Tél. 224 933 947*
Lun.-ven. 10h-2h30, w.-e. 17h-3h (1h dim.)
Ce club pionnier du rock underground, qui a connu ses heures de gloire, a su rester dans le coup. Concerts, DJ, cinéma, bar. Plutôt désert dans la journée ; le soir, selon la programmation.

CONCERTS, THÉÂTRES

Reduta Jazz Club B1 11
→ *Národní 20 Tél. 224 933 487 Tlj. 21h30 (19h ven.-sam.)-0h* ***Concerts*** *21h30 (et 19h ven.-sam.) www.redutajazzclub.cz*
Fondé en 1958, ce club intime est un grand classique de la scène jazz à Prague.

Lucerna C1 12
→ *Vodičkova 36*
Tél. 224 217 108 Tlj. 20h-3h (5h ven.-sam.) ***Concerts*** *20h lucerna.musicbar.cz*
Un bar, une salle de concert et une faune déchaînée venue découvrir groupes locaux ou internationaux (pop, rock, blues). Les ven. et sam. soir, elle se déhanche sur les tubes des années 1980 et 1990 !

Národní divadlo / Théâtre national A1 13
→ *Národní 2*
Tél. 224 901 448 ***Billetterie*** *Tlj. 9h (10h w.-e.)-18h (et avant chaque spectacle) www.narodni-divadlo.cz*
La première scène du pays, à l'imposante architecture néo-Renaissance. Théâtre, ballets, opéras.

Laterna Magika A1 14
→ *Národní 4 Tél. 224 901 448* ***Billetterie*** *Tlj. 9h (10h w.-e.)-18h (et avant chaque spectacle)*
À la Nová Scéna, "nouvelle scène" du Théâtre national, l'une des nombreuses salles de Prague dédiées au Théâtre noir : spectacles d'ombres, mime et pantomime. Café agréable.

SHOPPING

Koruna C1 15
→ *Václavské náměstí 1*
Tél. 224 219 526
Tlj. 9h (10h dim.)-20h
Galerie commerciale dans un bel édifice de 1914. Au sous-sol : Bontonland, le plus grand magasin de disques de Prague.

Lucerna pasáž C1 16
L'un des fascinants passages commerçants pragois (1916), au splendide décor Art nouveau. Sous la coupole pend le *Cheval* de David Černý (1999), parodie de la statue équestre de la place Venceslas. Café Art déco, cinéma, salle de concert et boutiques.

Terryho ponožky C1 17
→ *Vodičkova 41*
Tél. 224 946 829 Lun.-ven. 10h-20h, sam. 12h-17h
À l'entrée du cinéma Světozor, "Les chaussettes de Terry", hommage à Terry Gilliam. Pour s'offrir une affiche tchèque de film, toujours très graphique.

Jan Pazdera C2 18
→ *Vodičkova 28*
Tél. 224 216 197
Lun.-sam. 10h-18h (13h sam.)
De la pièce de collection 1900 au Leica des 60's et au modèle dernier cri, des centaines d'appareils photo, dans une boutique à l'ancienne.

Papelote A2 19
→ *Vojtěšská 9 Tél. 774 719 113*
Lun.-ven. 11h-19h, sam. 12h-18h
Une ligne de papeterie très design créée par des graphistes pragois. Magnifiques carnets, agendas en papier recyclé.

Marché fermier Náplavka A4 20
→ *Rašínovo nábřeží*
Sam. 8h-14h Fermé jan.-mi-fév. ou plus tard en cas de neige
À hauteur de Palackého náměstí, sur les quais de la Vltava, les Pragois vont s'y promener le samedi et participer au renouveau des marchés locaux. Fruits et légumes, pains et gâteaux traditionnels, salaisons, miels et confitures… Possibilité de se restaurer : poisson grillé, pâtes, café.

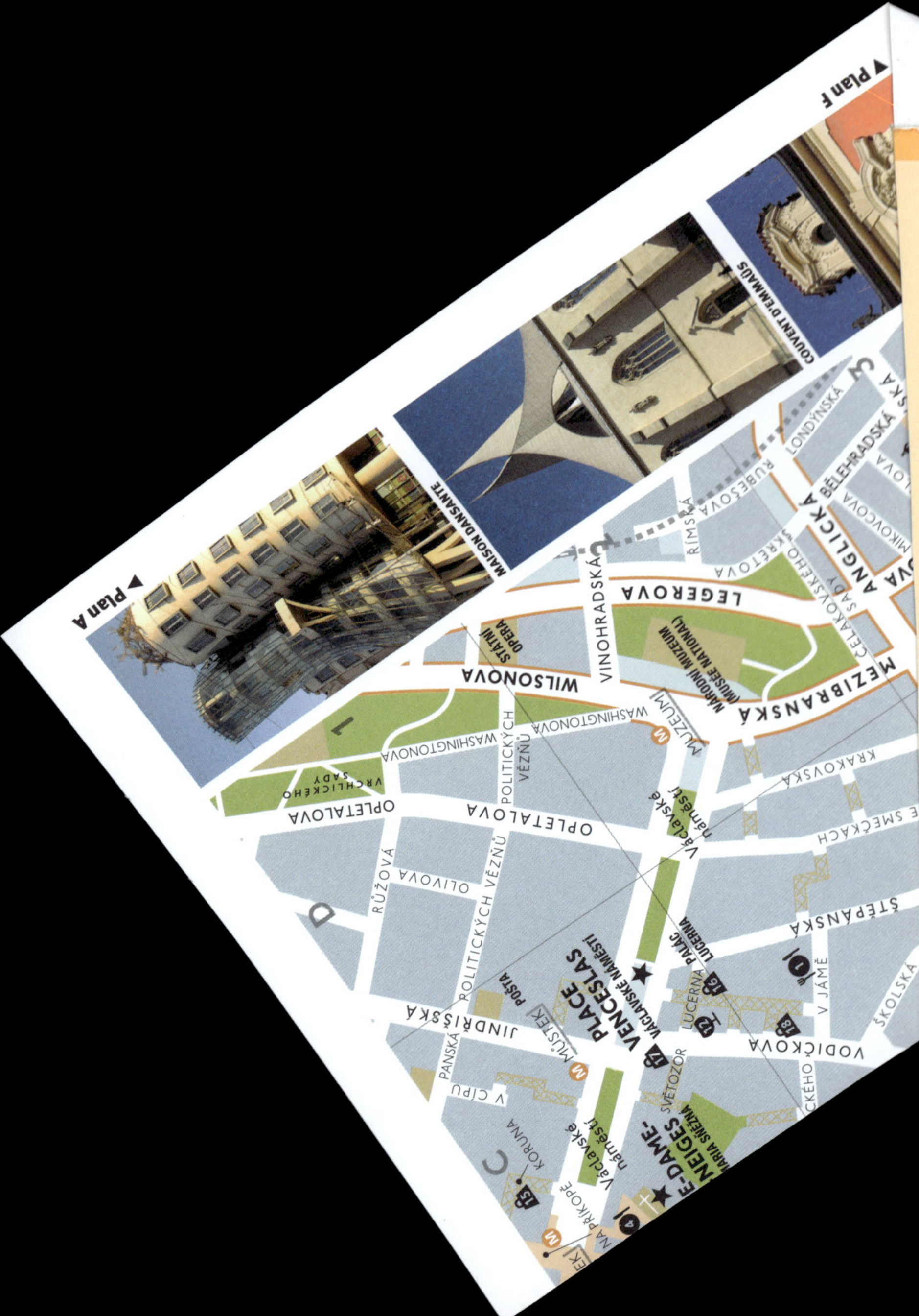

◄Plan E

MAISONS SÉCESSION

MAISONS SÉCESSION

ÉGLISE DU SACRÉ-CŒUR

★ Musée Mucha A2
→ *Panská 7 Tél. 224 216 415 Tlj. 10h-18h*
L'œuvre et la vie d'Alfons Mucha (1860-1939), l'artiste tchèque le plus connu au monde. En 1887, il part pour Paris où il connaît le succès grâce à une affiche réalisée pour la troupe de Sarah Bernhardt, et devient l'un des fers de lance de l'Art nouveau. Motifs floraux et végétaux, figures féminines aux cheveux ondoyants... Le style "nouille" est né. De retour à Prague en 1910, il participe à la décoration de la maison de la Municipalité puis réalise certains vitraux de la cathédrale Saint-Guy. La dernière œuvre de sa vie : l'*Épopée slave*, superbe cycle de 20 toiles immenses. Sur 500 m², ici, sont passés en revue les différents aspects de la carrière de Mucha : affiches, panneaux décoratifs, peintures, dessins, croquis, pastels.

★ Gare centrale B2
→ *Wilsonova 8*
Le plus grand bâtiment Sécession de la ville (1909) après la maison de la Municipalité. Josef Fanta laisse libre cours à son imagination, jongle avec les couleurs et les détails ornementaux. À voir : les décorations de la gigantesque coupole.

★ Opéra d'État B3
→ *Wilsonova 4 Tél. 224 901 448* ***Billetterie*** *Tlj. 10h-18h*
En réaction au monumental Théâtre national, la communauté allemande de Prague commanda à deux architectes autrichiens la construction d'un théâtre allemand. En 1888, on inaugure une réplique (en plus petit) de l'Opéra de Vienne. Ici, le Tout-Prague découvre les opéras de Richard Strauss et les symphonies de Mahler.

★ Musée national A3
→ *Václavské náměstí 68 Tél. 224 497 111 Fermé pour rénovation jusqu'en 2018*
Dominant avec majesté la place Venceslas (**E** C1), le Musée national, fondé sur l'impulsion de patriotes tchèques en 1818, incarne le renouveau nationaliste. Autour d'un somptueux hal de précieux documents médiévaux, une collection de minéraux et une section zoologie et paléontologie. Pendant les travaux, expositions (*tlj. 10h-18h, 20h le 1er mer. du mois*) dans un nouveau bâtiment, de l'aut côté de Vinohradská.

★ Náměstí Míru B4
L'organisation de la place de la Paix témoigne d'une urbanisation planifiée et hiérarchisée, organisée autour d'un espace qui

MUSÉE MUCHA

GARE CENTRALE

OPÉRA D'ÉTAT

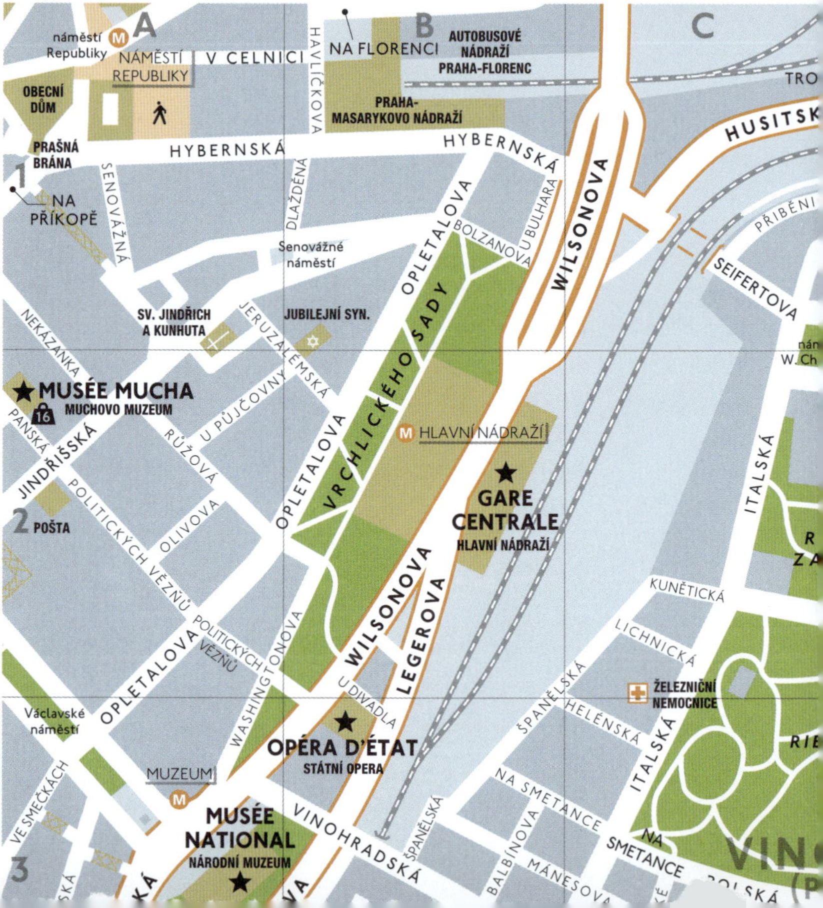

Grands parcs, avenues boisées, élégants édifices Sécession : l'ancien domaine vinicole royal (XIVe s.) de Vinohrady s'urbanisa à la fin du XIXe s. et devint le lieu de résidence de la bonne société pragoise. Si bars et clubs y attirent le soir une faune branchée, Vinohrady vit toujours paisiblement, coupé de Nové Město par une autoroute de boulevards. Au nord-est, Žižkov s'étend au pied de sa colline, et à l'ombre de la tour de la Télévision. L'ancien bastion ouvrier, un brin gentrifié, concentre les lieux de sortie animés et les pubs sans chichis : une belle alternative festive au centre-ville.

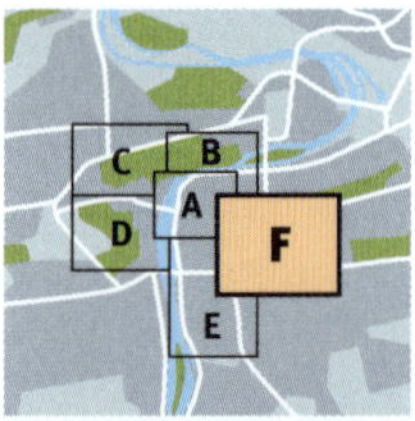

PRÍMA CHLEBÍČEK

PHO VIETNAM TUAN & LAN

RESTAURANTS

Príma Chlebíček
B4 1
→ *Londýnská 69*
Tél. 605 572 403
Lun.-ven. 7h30-18h
Derrière les vitrines, des *chlebíček* (petites tartines garnies) par dizaines, à manger sur le pouce ou à emporter pour pique-niquer au parc Riegrovy. Rapide, délicieux et bon marché ! Tartine 20-38Kč.

Pho Vietnam Tuan & Lan E3 2
→ *Slavíkova 1 Tél. 775 465 678*
Tlj. 10h-22h
Face à l'église du Sacré-Cœur, l'une des cantines de la communauté vietnamienne, très présente en République tchèque. Bo bun, nems, tofu frit et d'excellentes soupes, à avaler debout ou à emporter. Pour s'asseoir, une autre adresse très spacieuse : *Anglická 15* (**F** B4). Plat 95-149Kč.

Beas B4 3
→ *Bělehradská 90*
Tél. 773 644 561 Lun.-ven. 11h-21h, w.-e. 12h-20h (18h dim.)
Ce self-service végétarien sert une savoureuse et copieuse cuisine indienne. À découvrir en *thali* (plat complet : *dhal*, *raita*, riz, soupe) et à accompagner de lassi à la mangue, de thé aux épices et, en dessert, d'un étonnant *halva* à la betterave. Terrasse dans la cour. Autres adresses : *Týnská 19* (**A** E2), Na Poříčí 26 (**B** F4) et *Vladislavova 24* (**E** B2). Prix au poids : 20Kč/100 gr.

Sklep D1 4
→ *Seifertova 53*
Tél. 222 540 786 Tlj. 11h (12h w.-e.)-0h (1h bar lun.-sam.)
Au rdc, le restaurant, simple : deux salles couleur paille et saumon, quelques tables, une petite cour. Au sous-sol, le bar : une galerie enfumée où alcool et musique règnent en maîtres le week-end. Et au menu, de bons plats tchèques servis par un joyeux patron ! Plat 129-299Kč.

Mozaika E4 5
→ *Nitranská 13 Tél. 224 253 011*
Lun.-sam. 11h30-23h
Un restaurant contemporain, dans le décor comme à la carte. Croquettes de pois chiches, burger au bœuf ou au porc, brochettes de poulet et mayonnaise à la mangue... Plat 146-285Kč.

U Kalicha A4 6
→ *Na Bojišti 12*
Tél. 224 912 557 Tlj. 11h-23h
"À la coupe", en mémoire du brave Švejk, le plus grand buveur des soldats, dont la légende fut immortalisée

KAABA

BUKOWSKI'S

MARIO WILD FLOWERS

ici même par l'écrivain Jaroslav Hašek. Traduite et adaptée au théâtre, l'histoire dépassa les frontières, et avec elle la réputation des lieux. Superbe salle ornée de dessins représentant le soldat et cuisine locale de haut rang. Plat à partir de 350Kč.

CAFÉS, PUBS

Kaaba C3 7
→ *Mánesova 20*
Tél. 222 254 021
Tlj. 8h (9h sam. ; 10h dim.)-0h
Dans l'une des plus belles rues de Prague, ce café est baigné de lumière grâce à sa large baie vitrée. Service sympathique, couleurs pastel, cafés et thés du monde, jus de fruits, wifi et musique de fond... Un havre de paix, non fumeur !

U Sadu E3 8
→ *Škroupovo náměstí 5*
Tél. 222 727 072
Tlj. 8h-4h (2h dim.-lun.)
Sur deux étages, de bonnes bières, des plats copieux servis jusqu'à 2h et une drôle de déco de bric et de broc (épées, luges et valises pendues au plafond) : une institution de Žižkov ! Terrasse sur la petite place.

U Vystřelenýho oka E1 9
→ *U Božích Bojovníků 3*
Tél. 222 540 465
Lun.-sam. 16h30-1h
Au fond d'une impasse et à côté de l'ancienne voie ferrée aujourd'hui piétonne, une taverne de quartier dont le nom, "l'œil fusillé", fait allusion à un célèbre chef hussite borgne. Le décor mural, signé par Martin Velišek, évoque aussi avec humour l'épopée hussite. Pressions à accompagner de hareng mariné ou d'"*utonutec*" (saucisse tchèque et oignons au vinaigre).

BARS, CLUBS

Radost FX B4 10
→ *Bělehradská 120*
Tél. 603 193 711 ***Bar*** *Tlj. 11h-2h* ***Club*** *Jeu.-sam. 23h-5h*
Il faut passer siroter un cocktail au bar-lounge sophistiqué du rdc, avant de descendre au sous-sol : un club techno-house à la réputation internationale, pour étudiants branchés, cadres dynamiques et *clubbers* dandy.

Žlútá pumpa B4 11
→ *Belgická 11 Tél. 608 184 360*
Tlj. 11h30-0h30
"La pompe jaune", du nom de la fontaine se dressant sur le trottoir : un petit café coloré, très accueillant et doté d'une terrasse côté rue en été. Bondé le week-end ! Quelques plats tex-mex.

Palác Akropolis E2 12
→ *Kubelíkova 27*
Tél. 296 330 911 ***Café*** *Tlj. 10h-0h (16h w.-e.)* ***Bars*** *Tlj. 19h-5h*
www.palacakropolis.cz
Au cœur de Žižkov, un espace culturel alternatif de référence dans un ancien cinéma : café, restaurant, deux bars-concerts et une salle de spectacles. Pièces de théâtre, rock, hip-hop, musiques du monde... Plus tard, les DJ prennent possession des lieux.

Woo doo E2 13
→ *Bořivojova 69*
Tél. 777 266 735
Tlj. 16h-2h (4h ven.-sam.)
Un comptoir sans aucune fioriture pour compléter sa tournée des bars de Žižkov avec une bière très bon marché et quelques parties de baby-foot (tournois le mardi !), de fléchettes ou de jeux d'arcade.

Bukowski's E2 14
→ *Bořivojova 86 Tlj. 19h-3h*
Un bar toujours animé, fréquenté par les expats et les trentenaires du quartier. Lumières douces, ambiance décontractée et large choix de cocktails.

Hospoda Parukářka F2 15
→ *Parc Parukářka*
Tél. 776 366 410 Avr.-oct. : tlj. 14h-1h ; nov.-mars : tlj. 16h-0h
Au sommet de cette colline du quartier de Žižkov, on admire tout Prague ! L'été, dans une atmosphère très libertaire, on boit une Gambrinus pendant qu'enfants et chiens s'égaient. Pour les noctambules, en contrebas, un bunker souterrain des années 1950 transformé en club techno... Unique !

SHOPPING

Obchod Mucha A2 16
→ *Panská 7 Tél. 224 216 415*
Tlj. 10h-18h
À la boutique du musée Mucha, quelques reproductions intéressantes et une belle collection de cartes postales et d'affiches.

Pavilon D4 17
→ *Vinohradská 50*
Tél. 286 017 701 Lun.-sam. 10h-19h30 (18h sam.)
Cette belle halle néobaroque (1903), dotée d'une charpente métallique, a été rénovée en 2013 et transformée en spectaculaire temple du design, sur trois étages.

Mario Wild Flowers B3 18
→ *Vinohradská 23*
Tél. 776 282 288 Lun.-ven. 9h-19h, sam. 10h-14h
Décor contemporain, vases design... Le fleuriste à la mode !

MUSÉE NATIONAL

NÁMĚSTÍ MÍRU

TOUR DE LA TÉLÉVISION

COLLINE DE ŽIŽKOV

rassemble : le théâtre de Vinohrady (1907), construction néobaroque à l'ornementation Jugendstil ; et l'église néogothique Sainte-Ludmila (1893) qui servit de lieu de réunion pendant la révolution de velours. Ses deux tours octogonales de 60 m sont visibles à des kilomètres à la ronde.

★ Maisons Sécession D3

→ *Chopinova ; Na Švihance ; Krkonošská ; Mánesova*

Promenade architecturale entre Mánesova et l'est du parc Riegrovy, à la découverte du style Sécession. L'ornement y est roi et s'incorpore à l'architecture. Au nº 4 de Chopinova, la maison Jan Koteřa (1909) : oriel et décoration de briques rouges. Au nº 6, la maison Bohumil Waigant (1910) : architecture angulaire marquant l'entrée dans la phase géométrique du style Sécession. Au nº 3 de Na Švihance, la maison L. Čapek (1908) : remarquable oriel. Ne pas manquer de faire un détour par le paisible parc Riegrovy, pour ses belles perspectives sur la ville.

★ Église du Sacré-Cœur E3

→ *Náměstí Jiřího z Poděbrad 19*
Tél. 222 727 713
***Offices** Lun.-sam. 8h, 18h ; dim. 9h, 11h, 18h (église ouverte 45 min avant les offices)*

Façade en briques vitrifiées, large clocher, immense horloge de verre, ample nef "halle" conçue comme un seul volume… Une œuvre singulière (1933) de l'architecte slovène Jože Plečník.

★ Tour de la Télévision E3

→ *Tél. 210 320 081 Tlj. 8h-oh*

Des nacelles arrimées à trois fûts pour une tour high-tech aux airs de station orbitale rétro-futuriste ! Avec son esthétique controversée, l'édifice (1992) domine la ville de ses 216 m. Depuis 2001, les étonnantes sculptures de bébés géants et sans visage de David Černý semblent s'amuser à l'escalader et le descendre ! De la plateforme, vue remarquable sur Žižkov et Vinohrady. Restaurants dans et au pied de la tour.

★ Colline de Žižkov E1

En été, la promenade dominicale de nombreux Pragois (en hiver, les lieux sont assez tristes). Baptisée Žižkov en hommage au chef hussite Jan Žižka (v. 1360-1424), la colline est ceinturée de sentiers menant au sommet, où se dressent le Mémorial national, de style constructiviste (1932), et une statue équestre de Žižka.

Vivre à l'heure de Prague !

10 bonnes idées pour découvrir Prague autrement !

S'éterniser dans un café littéraire
Anciens rendez-vous de l'intelligentsia et de la dissidence, ces cafés méritent une halte pour lire ou relire Kundera, Kafka et Václav Havel, là même où ils réunissaient leurs cercles et réinventaient le monde !
→ *Kavárna Obecní dům* (**A** F2), *Café Louvre* (**E** B1), *Kavárna Slavia* (**E** A1)

Rapporter du cristal de Bohême... et des créations Art nouveau
Dans les salons et cafés de Prague, des verres gravés, des vases aux courbes Art nouveau ou aux lignes cubistes, des lustres en cristal de Bohême... Toutes sortes d'objets à retrouver chez les nombreux antiquaires et dans les boutiques de déco. Sans oublier les bijouteries, qui font la part belle au grenat de Bohême.
→ *Boutique du musée des Arts décoratifs* (**B** B4), *Ruelle d'or* (**C** D3)

Découvrir les maisons cubistes
À Prague et nulle part ailleurs ! Née des cendres de la Sécession, balayée par le succès fulgurant de l'Art déco, l'architecture cubiste ne fut expérimentée que dans la capitale tchèque, dont elle enrichit l'extraordinaire palette de styles. Une curiosité qui fait aussi l'âme et l'identité de la ville. Unique !
→ *Maison "À la Vierge noire"* (**A** E2), *maisons cubistes* (**E** A6) *de Vyšehrad et, à l'angle des rues Spálená et Lazarská, maison Diamant* (**E** B2)

Marcher dans les pas de Kafka
Partir du palais Kinský (**A** D2), où Kafka fut lycéen, puis gagner l'ancien ghetto juif (**B**), avec ses "cours obscures" et ses "brasseries bruyantes", pour gagner la place Curieových (**B** B3), à l'ombre de la faculté de droit qui accueillit l'écrivain. Passé la Vltava, la Ruelle d'or (**C** D3), où il vécut, au n° 22. De la banque qui l'employait, au cœur de l'"hygiénique" Ville nouvelle, au 13, pl. Senovážné (**F** B1), Kafka battait le pavé jusqu'à Národní, en fin de journée. Commençaient alors de longues soirées de débats passionnés, dans la fumée des cafés littéraires, tel le Café Louvre (**E** B1).

Arpenter galeries et passages
Discrets, dissimulés, ils flirtent en douce avec les rues, brouillent les pistes et font mentir les itinéraires conseillés : tunnels, galeries et raccourcis nourrissent les cartes mentales de la cité. Prague laisse alors entrevoir ses secrets : ici un décor Sécession, là une porte dérobée...
→ *Passages obscurs de Staré Město* (**A**), *Lucerna pasáž* (**E** C1)

CAFÉ LOUVRE

KAVÁRNA SLAVIA

RUELLE DE MALÁ STRANA

Transports et hôtels à Prague

Pique-niquer sur la colline de Petřín (D C3)
Un parfum de campagne et un panorama à couper le souffle, de cette colline plantée en pleine ville, au-dessus de la Vltava et face au Château. À l'ombre des charmes, des hêtres, des chênes ou des arbres fruitiers, ses pelouses et ses sous-bois sont un refuge bucolique pour se reposer de la ville.
→ *Funiculaire au départ de U Lanové Dráhy* (**D** D3)

Savourer un plat traditionnel
Goulasch, *knedlíky* (quenelles de pain), *vepřo-knedlo-zelo* (porc rôti accompagné de quenelles et de chou) et autres plats traditionnels copieux, à déguster dans les innombrables brasseries traditionnelles bon marché et ouvertes en continu !
→ *U Dvou Koček* (**A** D3), *U Pinkasů* (**E** C1)

Visiter Prague en musiques
Des compositeurs comme Dvořák ou Janáček, de grands chefs d'orchestre, de prestigieuses écoles, des festivals, Prague célèbre partout et toujours le 4e art : "La vie des Tchèques est dans la musique", avait prévenu Smetana ! Un siècle plus tôt, Mozart connaissait le succès avec ses *Noces de Figaro*, pourtant boudées à Vienne, et y composait *Don Giovanni*. Aujourd'hui, concerts, opéras et ballets, souvent à tout petits prix, dans plus de 20 salles et autant d'églises : demander le programme !
→ *En mai, ne pas manquer le festival Printemps de Prague*

Faire la tournée des tavernes
Il fait bon s'attabler dans ces hauts lieu de convivialité que sont les *pivnice* et les *hospoda*, ces pubs tchèques où les fumeurs ont droit de cité ! À la pression : Pilsner Urquell, Gambrinus, Staropramen, Krušovice, Kelt... pour quelques-unes des meilleures bières du monde ! Les grandes tables se partagent. Pour commander, on dispose un sous-bock devant soi. Une fois le verre vide, le serveur l'emporte et en rapporte un autre plein. Aux beaux jours, on quitte les salles lambrissées pour trinquer dans les *Biergarten* !
→ *U Černého vola* (**C** B4), *Malostranská Pivnice* (**D** E1), *U Fleků* (**E** A2)

Plonger dans l'underground pragois
Si Prague a du mal à se détacher de son image de ville-musée, sa scène underground commence à faire frémir les quartiers périphériques, qui ont, eux, le luxe de l'espace : Holešovice avec le DOX (**B** B1), Smíchov avec la MeetFactory (hors plan **D** E4)... Les clubs sont au diapason, à l'instar du Cross Club (**B** A1) : la scène électro pragoise n'a rien à envier à celles des autres capitales d'Europe !

LA COLLINE DE PETŘÍN

... ET MÊME PAR FORTE CHALEUR !

Barques et pédalos
→ *Avr.-oct. : tlj. 10h-coucher du soleil*
Plusieurs loueurs (avec certaines embarcations en forme de cygne...) sur l'**île Slovanský** (**E** A2).

Glaces
Dans le passage Světozor (**E** C1), on se rue chez **Hájek**, le glacier le plus apprécié des Pragois. Au bout du passage, sur la gauche, un petit parc ombragé permet de déguster son cornet en toute tranquillité !

Terrasses et Biergarten
"*Zahrádka ve dvoře*", cette mention signale que l'établissement dispose d'une terrasse côté cour, ce qui est assez fréquent : **Týnská literární kavárna** (**B** D4), **U Pinkasů** (**E** C1)... Pour une pression bien fraîche à l'ombre, direction les *Biergarten* : de grandes tables de bois et une atmosphère unique ! Dans les parcs Letná (**B** E1), Riegrovy sady (**F** D3), etc.

Cinéma
Au très populaire **Světozor**, dans le passage du même nom (**E** C1), on regarde l'écran en buvant une bière... Světozor !

Passages et galeries
Boutiques ou cafés y sont toujours au frais ! **Lucerna** (**E** C1)

Transports et hôtels à Prague

Les échappées

TROJA

PRŮHONICE

À 1 heure de la capitale, balades et bonnes adresses !

Troja

→ *À 5 km au nord M° Nádraží Holešovice (ligne C) puis bus 112, ou bateau à vapeur (avr.-oct.) de Rašínovo nábřeží, au niveau du pont Palackého* (**E** A4)
Un ancien village, aujourd'hui un quartier de Prague, lové dans une boucle de la Vltava. Le domine un château d'inspiration baroque : art tchèque du XIXe s. et superbes jardins. En face, le zoo attire les foules aux beaux jours. Et sur les hauteurs : le jardin botanique, avec sa serre, son vignoble (dégustations) et sa chapelle. Au sud, une passerelle traverse la Vltava et mène à l'immense parc Stromovka, ancienne réserve de chasse royale.

Salabka
→ *K Bohnicím 2*
Tél. 778 019 002 Mar.-sam. 12h-0h, dim. 11h30-16h
À l'entrée du vignoble du même nom, juste au-dessus du zoo, des salles lumineuses et modernes, et une terrasse sur les vignes. Dans l'assiette, c'est la tradition qui prime, à l'instar du cuissot de cerf cuit au vin de la propriété. Menu 750Kč, plat 450-780Kč.

Réserve naturelle de Divoká Šárka

→ *À 9 km à l'ouest*
Trams 5 et 26 Entrée principale au niveau de l'arrêt Divoká Šárka
La vie sauvage à quelques minutes du pont Charles ! De belles balades et, l'été, deux options de baignade : le grand lac Džbán, côté sud, et une sympathique piscine publique au milieu de la vallée, alimentée par un ruisseau à l'eau... fraîche !

Libocký Pivovar nad Šárkou
→ *Evropská 134 Tél. 733 502 600 Tlj. 11h-23h (22h dim.)*
Une brasserie de quartier située non loin de la réserve : soupe du jour, escalopes panées, travers de porc au miel... et une bière brassée sur place, ni filtrée, ni pasteurisée. Jardin en été. Plat 89-369Kč.

Průhonice

→ *À 15 km au sud-est*
Bus 363 et 385 au départ du M° Opatov (ligne C) **Parc** *Tlj. 8h-17h (18h mars ; 19h avr., oct. ; 20h mai-sep.)*
Ce paisible village se targue, outre d'un château néo-Renaissance, d'un vaste parc paysager (250 ha) classé par l'Unesco. Parcours de 2,5 à 10 km pour découvrir 1 600 espèces de plantes et l'exceptionnelle collection de 8 000 rhododendrons (en fleurs fin mai) !

Pizzeria Grosseto
→ *Květnové náměstí 11*
Tél. 267 751 355 Tlj. 11h30-23h
La pizzeria à succès de la vieille ville de Prague (**A** B2) régale ici aussi, tout près du parc. Décor de briques et de bois, immense terrasse en été. Plat 135-489Kč.

Mělník

→ *À 35 km au nord Nombreux bus du M° Nádraží Holešovice (ligne C)* **Château** *Avr.-sep. : tlj. 9h-17h (18h ven.-dim.) ; oct.-mars : tlj. 9h30-16h30*
De cette charmante ville, la vue sur le confluent de l'Elbe et de la Vltava est splendide ! Son château Renaissance a accueilli 23 reines et princesses...

KUTNÁ HORA

LES ÉCHAPPÉES

Parmi elles, Ludmila, la grand-mère de Venceslas, qui donne son nom à un vin blanc produit sur les coteaux : visite des chais et des caves du château, suivie d'une dégustation.

U Beníšků
→ *Palackého 27*
Tél. 315 622 883 Nov.-mars : tlj. 17h-23h (oh w.-e.) ; avr.-oct. : tlj. 11h-23h (oh w.-e.)
Produits locaux et de saison, cuisson parfaite, et des vins de Mělník pour arroser cette cuisine traditionnelle mais au goût du jour. Petite terrasse. Plat 95-160Kč.

Château de Karlštejn
→ *À 35 km au sud-ouest Trains au départ de la gare centrale* (**F** B2) *Horaires variables, consulter le site : www.hradkarlstejn.cz*
L'un des plus beaux châteaux forts du pays, gothique (XIVe s.), bâti pour accueillir le trésor royal. 20 à 30 min de marche sont nécessaires pour accéder au sommet de la colline sur laquelle il est perché : le temps d'admirer un édifice dont la beauté réside plus dans les façades et le cadre que dans les intérieurs.

U Adama
→ *Karlštejn 61 Tél. 775 361 008 Juil.-août : tlj. 11h-22h ; sep.-juin : mar.-dim. 11h-18h*
Dans la rue qui monte au château. Cuisine internationale, classiques de la cuisine tchèque (goulasch, canard, etc.) et jolie vue sur les tours, de la terrasse. Plat 99-339Kč.

Château de Křivoklát
→ *À 55 km à l'ouest Trains au départ de la gare centrale* (**F** B2) *Tél. 315 558 440 Horaires variables, consulter le site : www.krivoklat.cz*
Un autre château fort, de style gothique tardif, dont l'origine remonte au règne d'Otakar II de Bohême (XIIe s.). Galerie de portraits, musées de Peinture gothique, de la Chasse... Les alentours sont appréciés pour la randonnée.

U Jelena
→ *Hradní 53 Tél. 313 558 529 Tlj. 11h-22h (oh w.-e.)*
Située au pied du château, cette pension nommée "Au Cerf" offre aussi le couvert. Au menu, des spécialités de gibier : médaillons de daim sauce aux airelles, râble de sanglier aux prunes et, bien sûr, goulasch de cerf. Plat 65-240Kč.

Kutná Hora
→ *À 70 km à l'est Trains au départ de la gare centrale* (**F** B2) ***Ossuaire*** *Tlj. 9h-18h (17h mars, oct. ; 16h nov.-fév.)*
Cette superbe ville médiévale, classée par l'Unesco, doit sa richesse aux mines d'argent exploitées dès le Moyen Âge. À son origine, le monastère cistercien de Sedlec, fondé en 1142, dont il subsiste l'église de l'Assomption (1320) ainsi que l'incroyable ossuaire, dans la chapelle funéraire de Tous-les-Saints : les éléments du décor sont faits d'os humains ! À ne pas manquer, au sud de la cité, l'église Sainte-Barbe, joyau du gothique flamboyant.

Barbora Restaurant
→ *Kremnická 909*
Tél. 327 316 327
Tlj. 10h (11h w.-e.)-22h
Tout près de l'église Sainte-Barbe, sur laquelle cette table dévoile de superbes vues. Goûter la soupe *kulajda*, aux pommes de terre et aux champignons. Terrasse et gril en été. Plat midi 99Kč, soir 159-325Kč.

Václav Havel Airport Prague
BUS 100, 119
NÁDRAŽÍ PODBABA
Zelená
Lotyšská
DIVOKÁ ŠÁRKA
Vozovna Vokovice
Nad Džbánem
Nádraží Veleslavín
Červený Vrch
Sídliště Červený Vrch
Bořislavka
Na Pískách
Hadovka
Thákurova
Dejvická
Vítězné náměstí
Hradčanská
Sparta
Korunovační
Letenské náměstí
Kamenická
Nádraží Veleslavín
Bořislavka
Dejvická
SÍDLIŠTĚ PETŘINY
Petřiny
Větrník
Vojenská nemocnice
Baterie
Ořechovka
Sibeliova
Vozovna Střešovice
Prašný most
Chotkovy sady
Brusnice
Pražský hrad
Královský letohrádek
Hládkov
Čechův most
Pohořelec
Malostranská
Právnická fakulta
Staroměstská
Mánesův most
Malostranské náměstí
Hellichova
Karlův most
Karlovy lázně
Národní divadlo
Můstek
BÍLÁ HORA
Malý Břevnov
Obora Hvězda
VYPICH
Říčanova
Břevnovský klášter
U Kaštanu
Drinopol
Marjánka
Malovanka
NEMOCNICE MOTOL
Petřín
Nebozízek
Újezd
Újezd
most Legií
Národní třída
Národní třída
Švandovo divadlo
Myslíkova
Lazarská
Jiráskovo náměstí
Jiráskův most
Karlovo náměstí
Novoměstská
Karlovo náměstí
Arbesovo náměstí
KOTLÁŘKA
Kavalírka
Klamovka
U Zvonu
Bertramka
SÍDLIŠTĚ ŘEPY
Blatiny
Slánská
Hlušičkova
Krematorium Motol
Motol
Vozovna Motol
Hotel Golf
Poštovka
Moráň
Anděl
Anděl
Zborovská
Palackého most
Palackého náměstí
Botanická zahrada
Výtoň
Albertov
Železniční most
Křížová
Braunova
Na Knížecí
Laurová
Škola Radlice
Smíchovské nádraží
RADLICKÁ
Plzeňka
ZLIČÍN
BUS 100
Stodůlky
Luka
Lužiny
Hůrka
Nové Butovice
Jinonice
Radlická
SMÍCHOVSKÉ NÁDRAŽÍ
ČSAD Smíchov
Lihovar
Zlíchov
Hlubočepy
Barrandovský most
Podolská vodárna
Kublov
Dvorce
Přístaviště
Pobřežní cesta
Ostrčilovo náměstí
Geologická
K Barrandovu
Chaplinovo náměstí
Poliklinika Barrandov
SÍDLIŠTĚ BARRANDOV
NÁDRAŽÍ BRANÍK
Černý kůň
Belárie
Modřanská škola
Nádraží Modřany
Čechova čtvrť
Poliklinika Modřany
U Libušského potoka
Modřanská rokle
Vltava

VOZOVNA KOBYLISY 17*
10 SÍDLIŠTĚ ĎÁBLICE
Líbeznická
Březiněveská
3
Ládví
Třebenická
Kobylisy
KOBYLISY
Střelničná
Kyselova
Ládví
Štěpničná
Ke Stírce
Okrouhlická
Střížkov
LETŇANY
C
Hercovka
Vychovatelna
Nad Trojou
Bulovka
Prosek
Vosmíkových
Trojská
U Kříže
Trojský most
most Barikádníků
ORTENOVO NÁMĚSTÍ
Nádraží Holešovice
24/14
Stejskalova
VÝSTAVIŠTĚ HOLEŠOVICE
17
Nádraží Holešovice
U Průhonu
Divadlo pod Palmovkou
Nádraží Vysočany
Poliklinika Vysočany
Špitálská
Poštovská
Kolbenova
Nový Hloubětín
Vozovna Hloubětín
Sídliště Hloubětín
LEHOVEC
Libeňský most
Maniny
PALMOVKA
12
Divadlo Gong
Vysočanská
Kolbenova
Kbelská
Hloubětín
Výstavní palác
Dělnická
Libeňský most
Palmovka
Českomoravská
Starý Hloubětín
16
25
ČERNÝ MOST
B
Vltavská
Tusarova
Balabenka
Vltavská
Invalidovna
Pražská tržnice
Ocelářská
Multiaréna Praha
Nádraží Libeň
Kabešova
Podkovářská
U Elektry
Nademlejnská
STARÝ HLOUBĚTÍN
8
Hloubětín
Rajská zahrada
Nábřeží kapitána Jaroše
Hlávkův most
Těšnov
Bílá labuť
Invalidovna
Urxova
Krejcárek
Křižíkova
náměstí Republiky
Florenc
Křižíkova
Ohrada
Vozovna Žižkov
Strážní
Chmelnice
Kněžská luka
SPOJOVACÍ
Karlínské náměstí
Florenc
1
9
11*
Masarykovo nádraží
Biskupcova
Husinecká
Lipanská
Olšanské náměstí
Olšanská
Nákladové nádraží Žižkov
Jindřišská
Hlavní nádraží
Hlavní nádraží
Mezi Hřbitovy
Želivského
Vinohradské hřbitovy
Krematorium Strašnice
Vinice
Solidarita
Zborov - Strašnické divadlo
Nové Strašnice
ČERNOKOSTELECKÁ
Jiřího z Poděbrad
Flora
Muzeum
Italská
7
13
Depo Hostivař
Malešická továrna
Na Homoli
ÚSTŘEDNÍ DÍLNY DP
Náměstí Míru
Vinohradská tržnice
Jiřího z Poděbrad
Radhošťská
Flora
11
Želivského
OLŠANSKÉ HŘBITOVY
Vozovna Strašnice
DEPO HOSTIVAŘ
A
I. P. Pavlova
Šumavská
Vinohradská vodárna
Perunova
Orionka
Nad Primaskou
5
Náměstí Míru
Jana Masaryka
Bruselská
Pod Karlovem
Krymská
Ruská
Nuselské schody
Vršovické náměstí
Čechovo náměstí
Strašnická
Strašnická
Divadlo Na Fidlovačce
Otakarova
Nádraží Vršovice
KUBÁNSKÉ NÁMĚSTÍ
Průběžná
Skalka
Bohemians
Koh-i-noor
Slavia
13
4
24
Na Hroudě
NÁMĚSTÍ BRATŘÍ SYNKŮ
Horky
NÁDRAŽÍ STRAŠNICE
22
Nuselská radnice
Pod Jezerkou
Radošovická
Dubečská
Na Padesátém
Zahradní Město
Sídliště Zahradní Město
Obchodní centrum Hostivař
Na Groši
Hostivařská
NÁDRAŽÍ HOSTIVAŘ
22*
26
Palouček
Plynárna Michle
Chodovská
Pražského povstání
18
VOZOVNA PANKRÁC
Michelská
Teplárna Michle
Na Veselí
11
SPOŘILOV
6
Pankrác
Budějovická
Kačerov
Roztyly
Chodov
Opatov
HÁJE
C

Index des rues, des monuments et des lieux de visite

Les noms de rues et de lieux de visite, classés par ordre alphabétique, sont suivis d'un carroyage, dont la lettre en gras **A, B, C...** indique le quartier et la carte correspondante. L'étoile ✪ renvoie à la page "Les incontournables" en début d'ouvrage.